THE MYTHICAL DETECTIVE LOKI

4

KINOSHITA SAKURA

魔《ま》探《たん》偵《てい》ロキ　キャラクター相《そう》関《かん》図《ず》

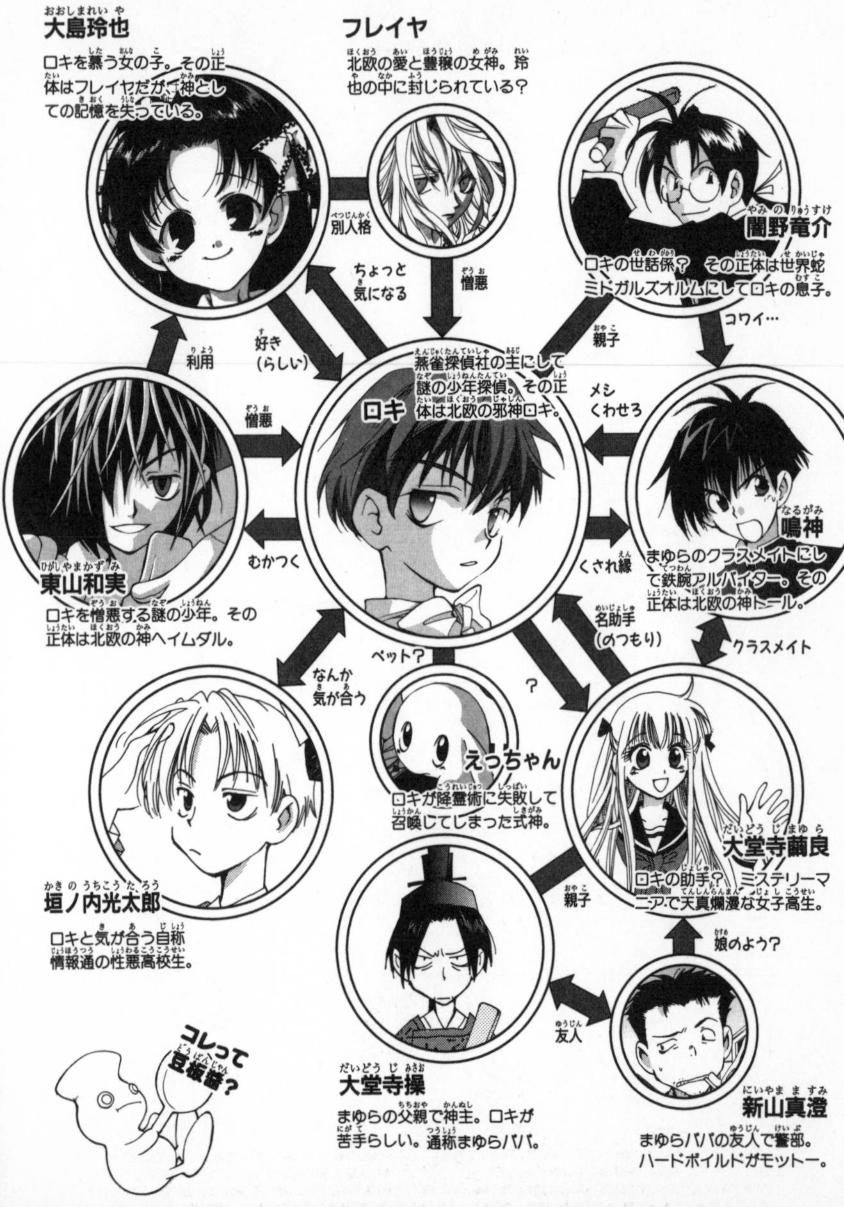

～ロキこれまでのあらすじを大《おお》いに語《かた》る～

ハ～イ！「魔探偵《またんてい》ロキ」４巻《かん》だよ。また会《あ》えたね、御機嫌《ごきげん》いかがかな～？
今日《きょう》は気分《きぶん》がいいなあ～～～。お話《はなし》をしてあげようか。
ボクのこれまでの華麗《かれい》なる経歴《けいれき》を聞《き》きたいよね？　オッケー！（上機嫌《じょうきげん》）

今《いま》ボクは燕雀探偵社《えんじゃくたんていしゃ》ってトコで探偵《たんてい》しているんだけど、フツーの探偵《たんてい》じゃないんだ。
人間《にんげん》てさー、弱《よわ》い生《い》き物《もの》だから魔《ま》に取《と》り憑《つ》かれやすいんだよねー。
だからその魔《ま》を落《お》としてあげてるってわけ。
実《じつ》はボクの正体《しょうたい》は北欧《ほくおう》の神《かみ》ロキ神《しん》なんだけどね、神界《しんかい》でいろいろあって
最高神《さいこうしん》に「人間《にんげん》に憑《つ》いた魔《ま》でも落《お》としてろ！」って人間界《にんげんかい》に追放《ついほう》されちゃったんだ。
それでヤミノくんとミステリーマニアな女子高生《じょしこうせい》まゆらと一緒《いっしょ》に、
魔探偵《またんてい》を続《つづ》けているってわけ。わかったかな？

何故《なぜ》か、同《おな》じ北欧《ほくおう》の神《かみ》トール神《しん》であるナルカミくんが人間界《にんげんかい》にいるけど、
なんか態度《たいど》が変《へん》なんだよね。
まー神界《しんかい》でも単純《たんじゅん》なヤツだったからたいした理由《りゆう》じゃないだろうけど。

問題《もんだい》なのはさらに北欧《ほくおう》の女神《めがみ》フレイヤまで人間界《にんげんかい》に来《き》ちゃったってコト。
フレイヤは大島玲也《おおしまれいや》という人格《じんかく》に封《ふう》じられているらしいんだけど、
愛《あい》と豊穣《ほうじょう》の女神《めがみ》であるフレイヤがボクのことを殺《ころ》そうとしてるらしいんだ！
なんかフレイヤの恨《うら》み買《か》うようなコトしたかな～～～？

あららも一時間《じかん》だー
じゃーそろそろ始《はじ》めるよー！

CONTENTS

THE MYTHICAL DETECTIVE LOKI 4TH

第《だい》15夜《や》
アクアリウム

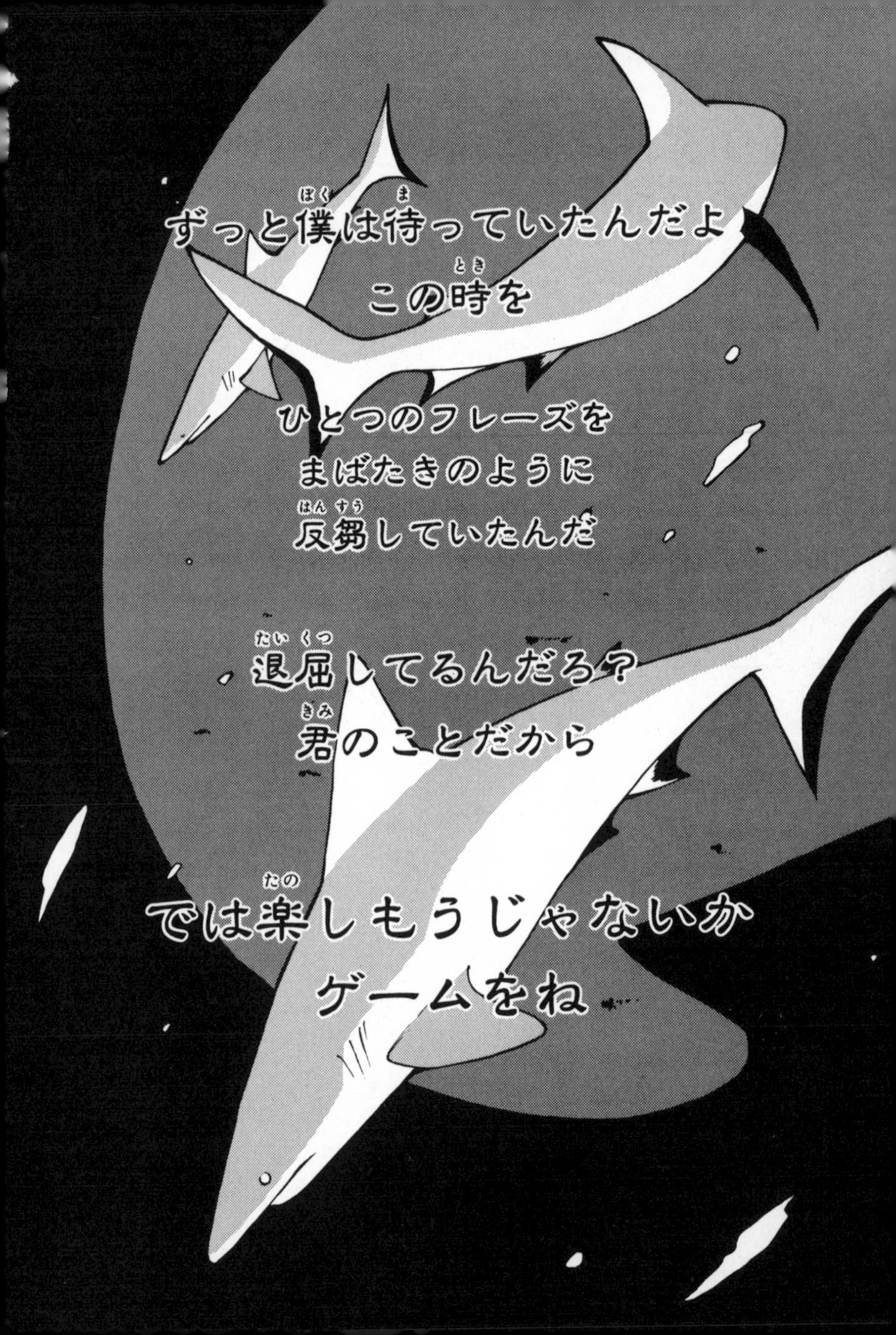
ずっと僕《ぼく》は待《ま》っていたんだよ
この時《とき》を
ひとつのフレーズを
まばたきのように
反芻《はんすう》していたんだ
退屈《たいくつ》してるんだろ？
君《きみ》のことだから
では楽《たの》しもうじゃないか
ゲームをね

えー
水族館《すいぞくかん》カップル御優待券《ごゆうたいけん》いらんかねェ〜〜〜
アクアリウムで恋《こい》の語《かた》らい！盛《も》り上《あ》がりまっせ!!
1200円《えん》でどーだっ
間《ま》にあってまース
もー LOVE LOVE
すたたたー
千円《せんえん》で…
だっさーっっ
ディズニーランドとかないのー？
えーい持《も》ってけ800円《えん》!!
先生
コラーッ 鳴神《なるがみ》学校《がっこう》で商売《しょうばい》すんなーーッ
ばっ
ヒィィィ

ああ…売《う》れない今晩《こんばん》の夕飯代《ゆうめしだい》どーしよ…
ヨロ
ロキんち たかりに行《い》くのはイヤだしな――
なんか気まずいしィ…
そのチケット買《か》った!!
漢《オトコ》の背中
毎度!!
助かっちゃ♥
今度《こんど》のバイトは水族館《すいぞくかん》なのね鳴神《なるがみ》くん!

キャーーッ
でっかいお魚《さかな》ッ
なんてゆーのかな!? ロキくんっっ
こんなにおっきーのに ぐるぐる泳《およ》いでて 疲《つか》れないのかな!?
…まぐろって 泳《およ》いでないと 死《し》んじゃうんだよ まゆら
えーっ コレが まぐろ??
トロ〜〜
まゆらは はしゃいでないと 死《し》んじゃうんだな…
へーっ まぐろか〜
ねェねェ ロキくん こっちのはナニナニ!?

質問者
解答者
えっ?
メバル
沿岸の岩礁域に生息し眼が大きく目を見張っているよーにみえるコトから命名。早春から釣れだすので「春告げ魚」とも呼ばれるコトもある。
マンボウ
外洋の表層に生息し一般市場には流通しないが身と肝は食べられるらしい
老成魚は全長3mにもなる(ちょっとコワイね)
タツノオトシゴ
とても魚類とは思えない体型だがトゲウオ目
ヨウジウオ科である
似た名前でテングソオトシゴという魚もいるらしい。
オジサン
名前のインパクトが強かったので思わず書いてしまったがヒゲがあるから「オジサン」とゆーコトではないらしい・・・・
ちえっ
――ってなんでボクが説明《せつめい》せにゃならんのだ――っっ
ロキくんコレはー?
よろしかったら私《わたし》に御案内《ごあんない》させてくださいませ
当水族館《とうすいぞくかん》ガイド水無月華《みなづきはな》です

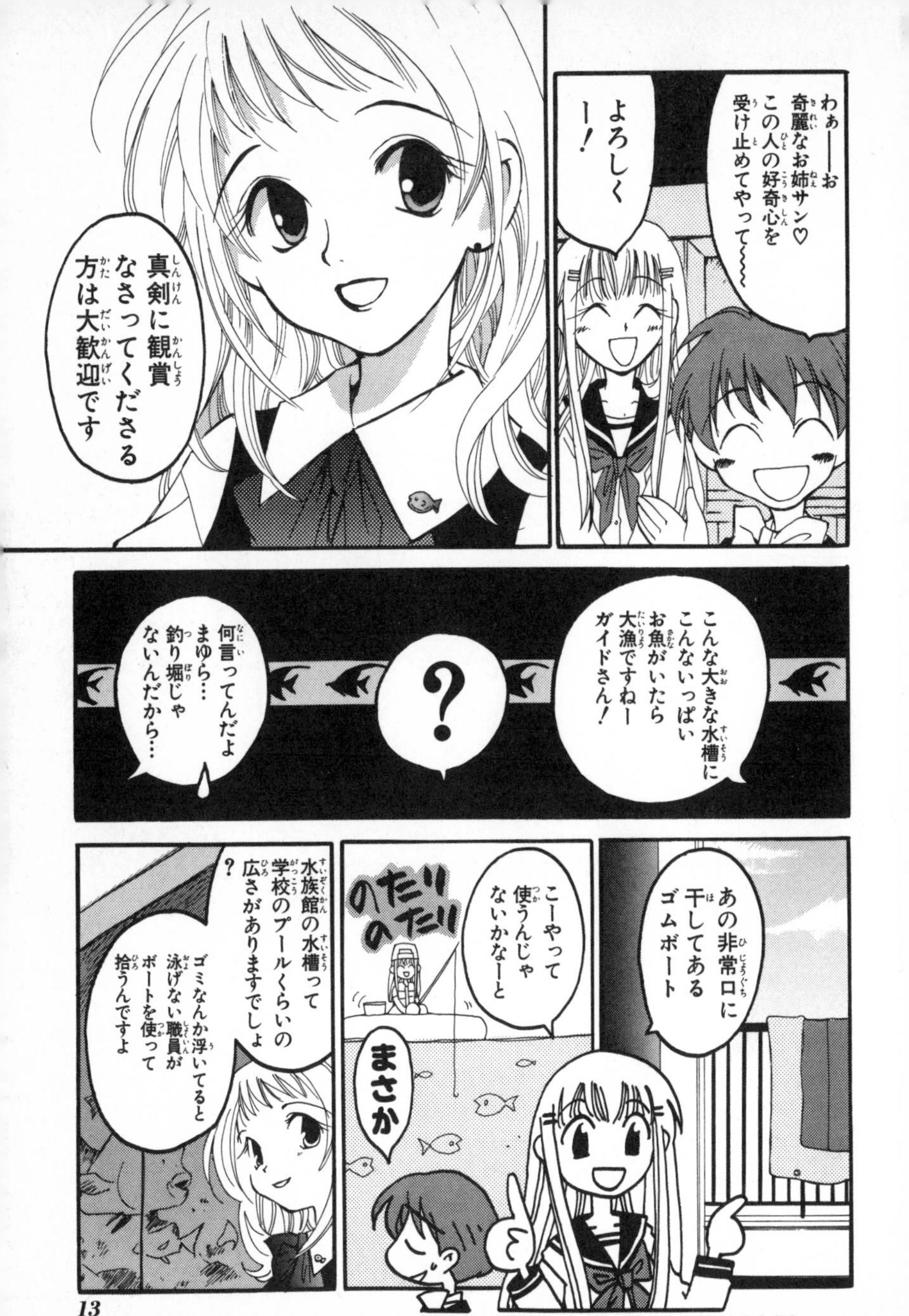
わぁ——お
奇麗《きれい》なお姉《ねえ》サン♡
この人《ひと》の好奇心《こうきしん》を
受《う》け止《と》めてやって〜〜〜
よろしく
ー!
真剣《しんけん》に観賞《かんしょう》
なさってくださる
方《かた》は大歓迎《だいかんげい》です
こんな大《おお》きな水槽《すいそう》に
こんないっぱい
お魚《さかな》がいたら
大漁《たいりょう》ですねー
ガイドさん!
?
何《なに》言《い》ってんだよ
まゆら…
釣《つ》り堀《ぼり》じゃ
ないんだから…
あの非常口《ひじょうぐち》に
干《ほ》してある
ゴムボート
こーやって
使《つか》うんじゃ
ないかなーと
のたりのたり
まさか
?
水族館《すいぞくかん》の水槽《すいそう》って
学校《がっこう》のプールくらいの
広《ひろ》さがありますでしょ
ゴミなんか浮《う》いてると
泳《およ》げない職員《しょくいん》が
ボートを使《つか》って
拾《ひろ》うんですよ

一番《いちばん》大《おお》きい水槽《すいそう》で深《ふか》さ約《やく》4メートル水量《すいりょう》800 t《トン》ですから普段《ふだん》はコンプレッサー室《しつ》のろ過槽《かそう》で水《みず》をキレイにしているんです
その他《ほか》 造波装置《ぞうはそうち》などを使《つか》って水《みず》を濁《にご》らせないようにしているんですよ
水無月《みなづき》サン
ハイ なんでしょう チーフ
井上《いのうえ》クン見《み》てない？
へー 学校《がっこう》のプールかぁうまいコトゆーなぁ〜
すごく朝早《あさはや》く出勤《しゅっきん》したみたいなんだけど…どこでサボッてんのかなー
でも水深《すいしん》4メートルなんて溺《おぼ》れちゃうよねー
そーいえば同《おな》じ体重《たいじゅう》の人《ひと》でもやせ型《がた》の人《ひと》の方《ほう》が沈《しず》んじゃうんだって知《し》ってた？
圧力のかかる面積の違い
浮力って不思議〜〜

もうちょっと連絡《れんらく》待《ま》ってみるよ
水無月《みなづき》サン あんまり心配《しんぱい》してるとお客《きゃく》サン困《こま》っちゃいますよ
松岡《まつおか》サン…
水無月《みなづき》サンはこの水族館《すいぞくかん》の華《はな》なんですから元気《げんき》出《だ》してください！
……ありがとう
は
華《はな》
いい言葉《ことば》……
とゆーコトは太《ふと》った魚《さかな》は深海魚《しんかいぎょ》にはなれないのね!!
まゆらちゃんあったまいい〜〜

このお魚《さかな》かわい〜〜〜なんてゆーんだろ
ソレは……
ねェガイドさんナルカミくんて知《し》ってる?
アルバイトの子《こ》ならお土産《みやげ》ショップよ
やっぱり来《き》たか…ロキ
海水がいのち!!
会《あ》いたかったよナルカミくん!!
ふぉっほ
ほ
ほっ
きゅるるろろう

お前《まえ》と話《はな》すコトは何《なに》もない
つれないわハニー♡
オレは今《いま》仕事《しごと》中《ちゅう》なん……
ナルちゃーん休憩《きゅうけい》行っていーよーー
テラスで茶《ちゃ》でもおごっちゃる
ズルズル
ホレホレ
へぇ~~~屋外《おくがい》にはペンギンやアザラシもいるんだね~~~
ボクはイルカさんがいいなァ
……背中に乗ってみたいわん
で？

で
だ
このところ
おかしーコトばかりだ
ブリーシングの首飾《くびかざ》りが
持《も》ち去《さ》られたり……
レイヤの館《やかた》で起《お》こった
事件《じけん》の犯人《はんにん》の魔《ま》は
おとしたハズなのにまだ
何者《なにもの》かに操《あやつ》られていた
ようだったし……
キミに続《つづ》いて
フレイヤまで地上《ちじょう》に
来《く》るなんて偶然《ぐうぜん》に
しては出来《でき》すぎてる
ちゅる
目的《もくてき》は
なんだ？

ボクは真面目《まじめ》に大神《たいしん》の言《い》いつけを守《まも》って人間《にんげん》の魔《ま》をオトしているしたがって視察《しさつ》ではない
ずいっ
キミは何《なに》かを知《し》ってて隠《かく》している伊達《だて》にボクはキミと長《なが》く付《つ》き合《あ》っているワケじゃないんだ
ずい
ずい
しかもキミは単純《たんじゅん》だからすぐ顔《かお》に出《で》るさぁ目的《もくてき》はなんだ?
えーーーい!!まくしたてるなやかましいっっ
だったらロキオレだってお前《まえ》に聞《き》きたいコトがあるぞお前《まえ》一体《いったい》
キャアァアッッ
どーしたまゆら
水槽《すいそう》に…人《ひと》が…

こっ この人《ひと》… 職員《しょくいん》の 井上《いのうえ》サンだっっ
早《はや》く 警察《けいさつ》に 連絡《れんらく》を…!!

…私《わたし》の……せい？
死因《しいん》は溺死《できし》
死亡推定時刻《しぼうすいていじこく》は
昨晩未明《さくばんみめい》から
当日朝《とうじつあさ》にかけて
警備員《けいびいん》の証言《しょうげん》によると
8時《じ》にはすべての職員《しょくいん》の
退館《たいかん》チェックを済《す》ませて
いるとのコト

被害者《ひがいしゃ》は早朝《そうちょう》
出勤《しゅっきん》して準備中《じゅんびちゅう》に
誤《あやま》って水槽《すいそう》に転落《てんらく》
つまり警察《けいさつ》は
事故死《じこし》との
断定《だんてい》……
ってヤスさんが
教《おし》えてくれたん
だよ!!
なんでこんなコト
教《おし》えてくれたん
だろーね――
ふーん
カナヅチな
職員《しょくいん》って井上《いのうえ》サン
だったんだ――
へんな
ボーシ…
うふ
もしかして私達《わたしたち》のコト
頼《たよ》ってきたのかな～？
他《ほか》になんか
ないの？
あの水槽《すいそう》で
う～ん
お魚《さかな》が一匹《いっぴき》
死《し》んでたって
コトぐらいしか
ないみたい
魚《さかな》が
一匹《いっぴき》…
ねェ～
華《はな》ちゃんの
あの反応《はんのう》も
気《き》になるしィ…

事故扱《じこあつか》いってコトはもう水族館《すいぞくかん》やってるかな?
うん 今日《きょう》も鳴神《なるがみ》くんバイトって言《い》ってたから
んじゃ行《い》ってみよーか
ロキ様《さま》
なんだかイヤな予感《よかん》がしますよ…
そんなにこの事件《じけん》気《き》になるんですか?
まるでボクが来《く》るのを待《ま》ってたよーに死《し》んでたんだ気《き》になるだろ?
…だからやなんですよ

でー 警備員《けいびいん》の お兄《にい》サンは井上《いのうえ》サンの 帰《かえ》る姿《すがた》見《み》たの?
丁度《ちょうど》ボクが いた時《とき》に帰《かえ》っていってね 職員《しょくいん》全員《ぜんいん》帰《かえ》ったの 確認《かくにん》してから ボクも帰《かえ》ったんだよ
井上《いのうえ》サン どんな様子《ようす》 だった?
あ
おつかれさまー
なんか うつむいちゃって 落《お》ち込《こ》んでる みたいだった かなぁ~~~
——じゃあ 顔《かお》は見《み》てない んだね?
でもいつもの 上着《うわぎ》着《き》てたし
アレは 井上《いのうえ》サンだよ

鳴神《なるがみ》くんとこ 行《い》ってみる？ ロキくん
うん そーね そーしよ
あ チーフさんだ
ソレって 昨日《きのう》干《ほ》して あった ゴムボート ですよねー
さっき使《つか》おーと したら穴《あな》が 開《あ》いててね 捨《す》てるんだ
フーン・・・
そーそー チーフさん 昨日《きのう》例《れい》の 水槽《すいそう》で死《し》んでた お魚《さかな》さんて まだ残《のこ》ってる？

もーかってまっか!?
BANK
また来《き》やがったなロキ!!
バイトの邪魔《じゃま》だけーれけーれけーってくれ
ダメダメダ――メ
ナルカミくんホントの商人《あきんど》はこー答《こた》えるんだ覚《おぼ》えておきたまえ
もーかってても
もーかってなくても
ぼちぼち
でんな～
勝手《かって》にやってろ!
なーんてコトはおいといて
事件当日《じけんとうじつ》の水無月華《みなづきはな》サンの言動《げんどう》について知《し》りたい
コホン
え?ガイドの水無月《みなづき》さん?

あんな奇麗《きれい》な人《ひと》が 人殺《ひところ》スかよ それにアレ事故《じこ》なんだろ？
ちょっとねー 同僚《どうりょう》が亡《な》くなって 華《はな》ちゃん落《お》ち込《こ》んでるんじゃないかと… なぐさめたいんだ
おっ さすが言《い》うコトが 違《ちが》うな プレイボーイは
う～ん
そーいやあの日《ひ》 夕方《ゆうがた》くらいに彼女《かのじょ》と 井上《いのうえ》サンが口論《こうろん》 してるの見《み》たな
ここだけの話《はなし》 華《はな》サンと井上《いのうえ》サンて 恋人同士《こいびとどうし》だったんよ
こちらのフリップでも みていただこう
水無月華
モーレツ アタック！
恋人同士
松岡サン
井上サン
衝撃!! アクアリウムの三角関係!?
んで最近《さいきん》松岡《まつおか》サンが 絡《から》んできちゃって 華《はな》サンぐらついてた みたいなんよ
裏切《うらぎ》られた思《おも》いの 井上《いのうえ》サンは入水自殺《じゅすいじさつ》 とゆーコトも ありうるのでは ないでしょーか!?
ほほう

まぁお前《まえ》が
行《い》かなくても
松岡《まつおか》サンがなぐさめ
てんじゃねーの？
松岡《まつおか》サン…見《み》てたのね
私《わたし》が井上《いのうえ》サンを
突《つ》き飛《と》ばすところ…
君《きみ》が悪《わる》いんじゃ
ないさ…
…あの人《ひと》
怒《おこ》ると人《ひと》が
変《か》わっちゃうの
…あの時《とき》も別《わか》れ話《ばなし》を
持《も》ち出《だ》したら
怒《おこ》り出《だ》してきて…

きっとあの人《ひと》私《わたし》のせいで……
私《わたし》が殺《ころ》したようなものよ!!
水無月《みなづき》サンのせいじゃないよアレは殺人《さつじん》だもの
!
あ…あなたは昨日《きのう》の…
井上《いのうえ》サンは事故《じこ》に見《み》せかけて殺《ころ》されたんだ

すいませーん
これ欲《ほ》しーん
ですけどォ～
にこっ
どれだ？
ボウズ
このミョルニル
くださいよ
トール神《しん》

口論《こうろん》した後《あと》の井上《いのうえ》サンの様子《ようす》はどーだったの？水無月《みなづき》サン
別《わか》れ話《ばなし》でケンカになって井上《いのうえ》サンが壁《かべ》に頭《あたま》をぶつけて気絶《きぜつ》してしまって…
それで私《わたし》怖《こわ》くなってすぐにここを出《で》たわ
じゃあその後《あと》だね
気絶《きぜつ》した井上《いのうえ》サンを溺《おぼ》れるよーにこのゴムボートにのせたのは
井上《いのうえ》サンはカナヅチだったんでしょ？
そう…だけど
え？
昨日《きのう》干《ほ》してあったこのゴムボートね穴《あな》が開《あ》いてたんだ
井上《いのうえ》サンを乗《の》せて水《みず》に浮《う》かべて穴《あな》を開《あ》けたとしたら…
井上《いのうえ》サン
空気《くうき》が抜《ぬ》けたボート
造波装置《ぞうはそうち》でボートは陸《りく》から遠《とお》ざかる

ねェキミ井上《いのうえ》サンは誰《だれ》もいない時《とき》に溺死《できし》してるんだよボートの空気《くうき》なんてすぐ抜《ぬ》けちゃうだろーし…
それはね例《たと》えばこんな仕組《しく》みを考《かんが》えたんじゃない？犯人《はんにん》は少《すこ》しでも時間《じかん》を遅《おく》らせるために
魚《さかな》の餌《えさ》を付《つ》けた針状《はりじょう》のものをゴムボートに刺《さ》しておきそれを魚《さかな》が食《た》べると空気《くうき》が漏《も》れ出《だ》すような…
もぐもぐ
ボートに井上《いのうえ》サンを乗《の》せすぐさま井上《いのうえ》サンを装《よそお》って退出《たいしゅつ》
朝《あさ》イチで再《ふたた》び井上《いのうえ》サンを装《よそお》って出勤《しゅっきん》した後《のち》ゴムボート回収《かいしゅう》
ゴソゴソ
以上《いじょう》の証拠《しょうこ》に昨日《きのう》死《し》んでた魚《さかな》の体内《たいない》からこんなものが出《で》てきたんだ
コレってこの水族館《すいぞくかん》の職員《しょくいん》バッチでしょ？
松岡《まつおか》サン以外《いがい》の人《ひと》は皆《みんな》つけてたよ

ふ…
松岡《まつおか》…サン？
ハハハハハハハ…！
邪魔《じゃま》だつたんだからしょーがないだろ!!厄介者《やっかいもの》は殺《ころ》してもいいんだ！
そんな…松岡《まつおか》サン…
カチャ

……
ハイ ますみちゃん この人《ひと》犯人《はんにん》らしいよ
ハードボイルド!?
松岡《まつおか》サ…ン… どうして……
!
まゆら!! 水無月《みなづき》サンを頼《たの》む!!
え… ロキくん!?

ボクはね ロキの義務《ぎむ》を妨害《ぼうがい》し
失脚《しっきゃく》させに来《き》たんですよ フフフ……

――
神《かみ》を殺《ころ》すことは
神《かみ》とて大罪《たいざい》なんですよ
ですから大義名分《たいぎめいぶん》を
作《つく》るんです
なんでロキを殺《ころ》す必要《ひつよう》がある!?
ボクは大神《たいしん》の命《めい》を受《う》けたのみ
まあ私怨《しえん》もありますが…(笑)《わらい》
だからって人《ひと》を殺《ころ》していーのかよ
間違《まちが》ってるぜ…
………

ここだよ ロキ
――ヘイムダル…か 今《いま》までのおかしな事件《じけん》は
ほ――覚《おぼ》えていてくれて光栄《こうえい》だね
ボクは一秒《いちびょう》たりとも忘《わす》れたコトはなかったよキミのコト

ボクは案外根《あんがいね》に持《も》つタイプなんだよね
でもホラボクも対等《たいとう》に子供《こども》の姿《すがた》になってあげてるから
人間《にんげん》の心《こころ》の闇《やみ》を増殖《ぞうしょく》させて操《あやつ》るくらいしかできないケド
──ボクの仕事《しごと》を邪魔《じゃま》する気《き》か
最高神《さいこうしん》の指令《しれい》だと言《い》ったら？
！
なんでオーディンの名前《なまえ》が出《で》てくるんだ

フフフ…では ヒントをあげようか もちろんただでは やらない
退屈《たいくつ》してるんだろ? ゲームをしよう キミが負《ま》けたら 神界《しんかい》には一生《いっしょう》戻《もど》れない
そのかわり ボクに勝《か》てたら3人《にん》の ノルンがキミに予言《よげん》を 与《あた》えてくれる
ノルン…?
ロキく〜ん
だーれ? この子《こ》
ま まゆらあっち 行《い》っててくれる? 今大事《いまだいじ》な話《はなし》してるの

ロキくんのお友達《ともだち》ね私《わたし》まゆ――
CHU
ボク帰《き》国《こく》子《し》女《じょ》なの驚《おどろ》かせちゃった？まゆらちゃん
ボクの名前《なまえ》は東《ひがし》山《やま》和《かず》実《み》よろしくねッ

び
びっくりしたー
なにこの子～～
かわいーお姉《ねえ》ちゃんだねエロキ・・・・・・大事《だいじ》にしてあげなよ
――っ!
じゃ ボク塾《じゅく》があるから またねー
バッハーイ◎
……
…まゆら 暫《しばら》くボクから 離《はな》れるなよ
ん?
ナルカミくん

もうキミに
聞《き》くのは
止《や》めたよ
親切《しんせつ》なお方《かた》が
ゲームに勝《か》ったら
教《おし》えてくれるし
オレも
参加《さんか》するぜ
そのゲーム
はい？
何言《なにい》って
——
正ギの血がさわぐ〜
このゲーム
なんかわかんないケド
ミステリィの血がさわぐ〜
不利《ふり》だ…

ボクにとって
大神《たいしん》の命令《めいれい》はいわば宿命《しゅくめい》——

ボクはー
さて
出《で》番《ばん》だ
「存《そん》在《ざい》」「必《ひつ》然《ぜん》」
「運《うん》命《めい》」の
ノルン達《たち》よ
キミの敗《はい》北《ぼく》がすべてだ

第《だい》16夜《や》
占《うらな》いへ行《い》こう！
THE HERMIT

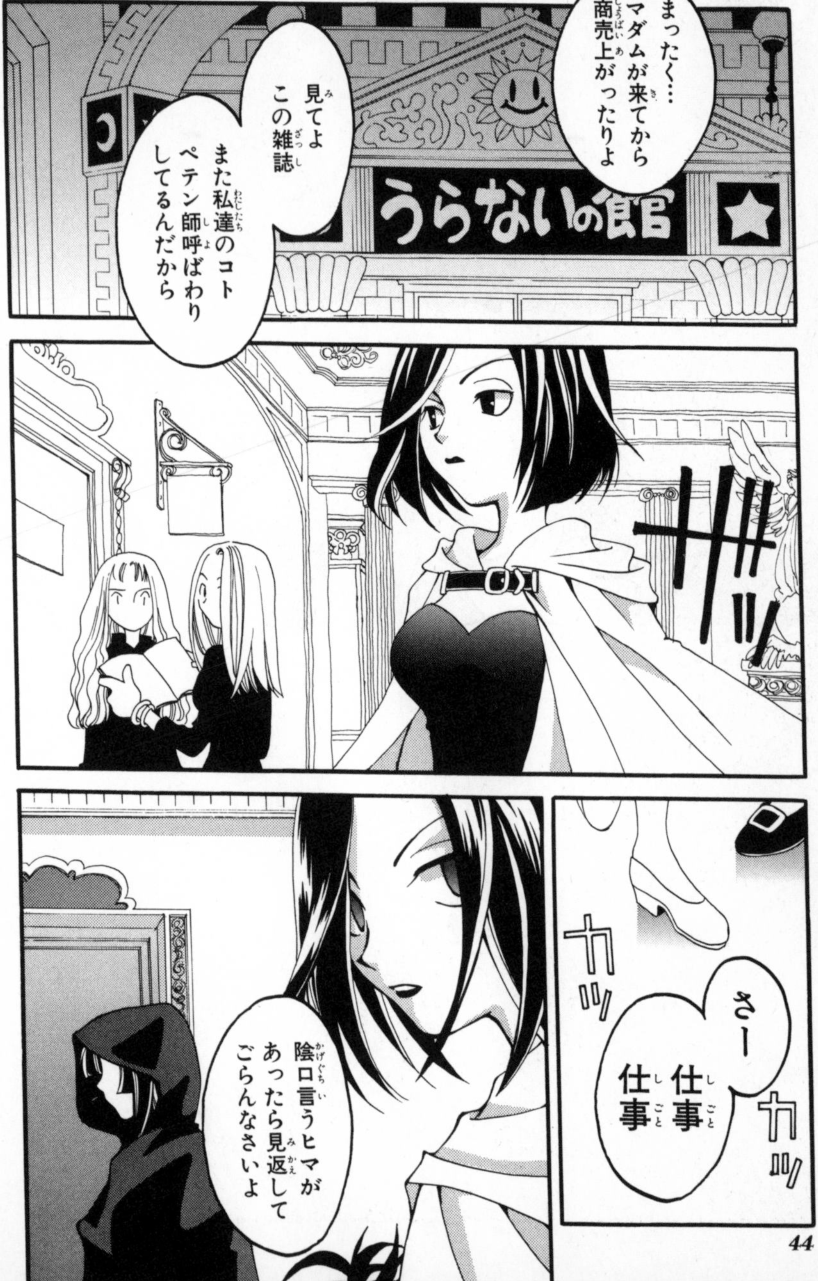
まったく…
マダムが来《き》てから
商売《しょうばい》上《あ》がったりよ
見《み》てよ
この雑誌《ざっし》
また私達《わたしたち》のコト
ペテン師《し》呼《よ》ばわり
してるんだから
うらないの館
ザザッ
カッ
さー
仕事《しごと》
仕事《しごと》
カッ
カッ
陰口《かげぐち》言《い》うヒマが
あったら見返《みかえ》して
ごらんなさいよ

イラ
イラ
ヤミノくん
お茶《ちゃ》。
イラ
イラ
イラ

お茶《ちゃ》だってば！ヤミノくんっ
あのぅ…ロキ様《さま》…
やーん ロキしゃま きょやい…
プニャー プニャー
先程《さきほど》から もう何回《なんかい》も いれてますよ
ずらぁー
どーしたんですか ロキ様《さま》… らしくないですすよ
やはり 最近《さいきん》のおかしな 事件《じけん》のコト ですか…？
ゴク
違《ちが》う 違《ちが》う
ゴク
お体《からだ》の具合《ぐあい》でも 悪《わる》いのでは!?
違《ちが》う 違《ちが》う
お昼御飯《ひるごはん》の メニューが気《き》に 入《い》らなかったとか ……
違《ちが》う 違《ちが》う
ゲフ

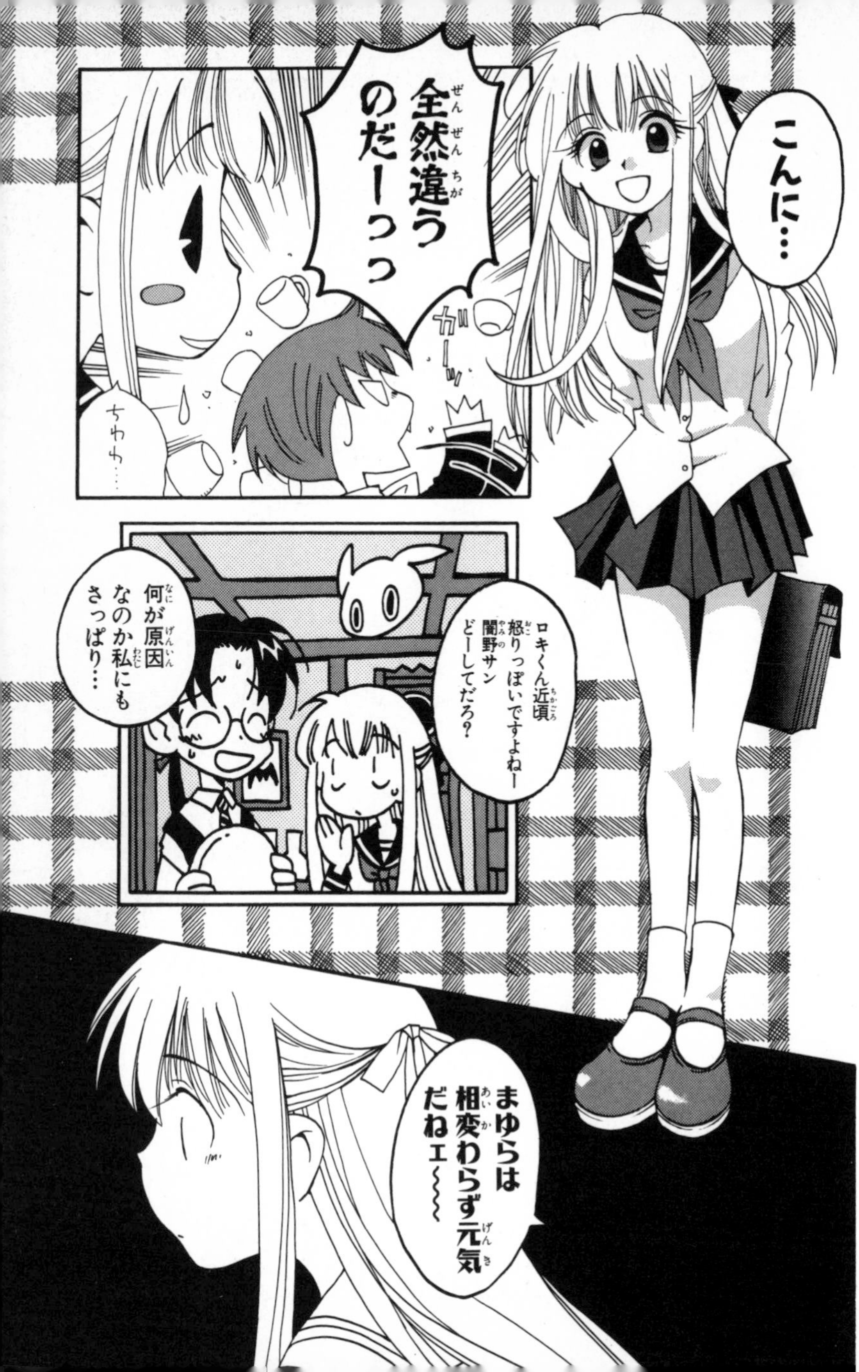
こんに…
全然《ぜんぜん》違《ちが》うのだーっっ
ガーッ
ちわわ…
ロキくん近頃《ちかごろ》怒《おこ》りっぽいですよねー闇野《やみの》サンどーしてだろ?
何《なに》が原因《げんいん》なのか私《わたし》にもさっぱり…
まゆらは相変《あいか》わらず元気《げんき》だねェ〜〜〜

あの
東山和実《ひがしやまかずみ》ってのに
キスされて
悔《くや》しくないのか?
だって…
子供《こども》だし…
帰国子女《きこくしじょ》だし
……
ムカムカムッカー!!
あいつは
子供《こども》でも
帰国子女《きこくしじょ》でも
なんでも
ナーイッ
ソレよりね
ロキくん
悩《なや》み事《ごと》があるなら
いーとこ連《つ》れてって
あげる!
……
はへ?
闇野《やみの》サン
ちょっと
ロキくんお借《か》り
しま〜ス♡
フォンドヴォー……

そーですか… ロキ様《さま》の イライラの原因《げんいん》は ソレだったん ですねェ〜〜
フムフム
うらないの館
なんだ…? この女《おんな》の子《こ》 ばっかりの 場所《ばしょ》は…
きゃっ
きゃっ
ねー♥
うふふー
今話題《いまわだい》の「占《うらな》いの館《やかた》」だよー

占《うらな》いの館《やかた》ア？
イエーッス！いろんな占《うらな》い師《し》サンが集《あつ》まってて好《す》きな占《うらな》いが選《えら》べるの！
なんなんだこのハミガキ占《うらな》いとか早食《はやぐ》い占《うらな》いとかってのは…
どーやって占うんだ？？
でねー今《いま》すっごく当《あ》たるって評判《ひょうばん》の占《うらな》い師《し》マダム大原《おおはら》サン
この人《ひと》に見《み》てもらおーと思《おも》って
私の占いは
当ります
特集
パンダさんの食
おらあ
ホラロキくん並《なら》ばないと！
ガーン
ラーメン屋!?
結局《けっきょく》まゆらが占《うらな》いたかったんじゃないか…
女の子ってなんでそんなに占いがスキなんだろ？
キャー
こっちの相性占《あいしょううらな》いおもしろそーだよォ光太郎《こうたろう》——

光《こう》ちゃん!
おう
探偵《たんてい》っ
わぁ
かわいー
男のコ♥
へェ〜〜〜
こんなトコで
光《こう》ちゃんと会《あ》う
とはねェ〜
女《おんな》の子《こ》の誘《さそ》いは
断《ことわ》れない性分《しょうぶん》なのさ…
つきあいのいー男だ。
探偵《たんてい》は
一人《ひとり》かよ
まさか
ここの占《うらな》い師《し》
当《あ》たるのか?
どれどれ
他《ほか》にも
いろんな雑誌《ざっし》に
出《て》てるんだよー
なんだコレ〜?
「他《ほか》の占《うらな》い師《し》は
ペテン師《し》です」だってよ
イヤなおばさん
だな〜
同業者から苦情
来んのから?
そーいえば
ここだけ並《なら》んでて
お客《きゃく》サン一人《ひとり》も
入《はい》ってないとこも
あるねー…

なぁ探偵《たんてい》 こんな傲慢占い師《ごうまんうらないし》よりあっちで見《み》てもらわねーか?
なんで?
一人《ひとり》なすっげー美人《びじん》の占《うらな》い師《し》がいるんだってよ!
あらステキ!
プーッ
いーもんねっ こっちは本物《ほんもの》体験《たいけん》しちゃうんだからっ
ぷん
次《つぎ》の方《かた》どーぞ
わぁキンチョーするぅ
よろしくお願《ねが》いしまーす
ハイ 時間《じかん》ないから早《はや》く座《すわ》って!

何《なに》を占《うらな》って欲《ほ》しいのかしら?
わぁ タロットですね!?
…私《わたし》は忙《いそが》しーのよ お嬢《じょう》ちゃん…
あはっ♡ すいませ〜ん
えっと…じゃあ 将来立派《しょうらいりっぱ》な探偵《たんてい》になれるかどーか占《うらな》ってくださいっ
ドキ ドキ
探偵《たんてい》…? 珍《めずら》しー子《こ》ね…
あっでも やっぱり!
パパの再婚《さいこん》のコトとかけっこー気《き》になってて〜
……
ソレより年頃《としごろ》なんで恋《こい》とかの方《ほう》がいーですかね〜
えへ♡
ハイッ ソレに決定《けってい》!!
相手《あいて》は?

……闇野《やみの》さん？
んー…でも最近《さいきん》なんか違《ちが》うよーな気《き》もするし…
あなたの相手《あいて》はもう決《き》まっているハズよ？
TIME UP!
あら瞑想《めいそう》の時間《じかん》だわ またいらっしゃい
えーっっ
……
あーまた瞑想《めいそう》かぁー
この占《うらな》い師《し》サンしょっちゅう精神統一《せいしんとういつ》とかいってやってるの
本物！
ってカンジ！

また並《なら》び直《なお》しかぁ…
……見《み》えてきました
あなたの心《こころ》が…
…光《こう》ちゃん…顔《かお》隠《かく》れてて美人《びじん》かどーか判《わか》んないじゃんか…
ボソボソボソ
んなコト知《し》らねーよっ
とってくれとも言えねェだろっ
あなた恋《こい》をしてますね
!?

えーっ
ホントかよっ 探偵《たんてい》!?
な…っ
相《あい》手《て》は もしや ……
フムフム
うあぁぁ!! 誰《だれ》を想《そう》像《ぞう》 してんだ!?
まぁ…うん カオはオレも 好みだが…
ってゆーか なんでボクが
はへー
占《うらな》いなんか しなきゃいけ ないの……
あなたが ここに来《き》たのは 必然《ひつぜん》…
!
私《わたし》がここに いるのも——
すなわち 必然《ひつぜん》……

そして
あなたと私《わたし》が
出会《てぁ》った時《とき》
必然的《ひつぜんてき》にゲームは
始《はじ》まるのです
誰《だれ》だ
お前《まえ》は…
きゃああっ
マダムが!!
なんだ
何《なに》が…っ

アレ オレの
連《つ》れの声《こえ》だぜ!?
早《はや》く行《い》こーぜ
探偵《たんてい》っ
くっ
ロキくん!!

この人《ひと》…
私《わたし》が見《み》てもらおーとして追《お》い返《かえ》された占《うらな》い師《し》サンなの…
追《お》い返《かえ》された?
うん
瞑想《めいそう》の時間《じかん》とかいって…
瞑想《めいそう》ねェ……
ヤダッ
入《い》り口《ぐち》のドア開《あ》かないよ!?
うそォ〜
携帯《けいたい》もつながんないしどーしちゃったんだろ…
なんか様子《ようす》がおかしいぞ…
やあロキ
元気《げんき》かな?

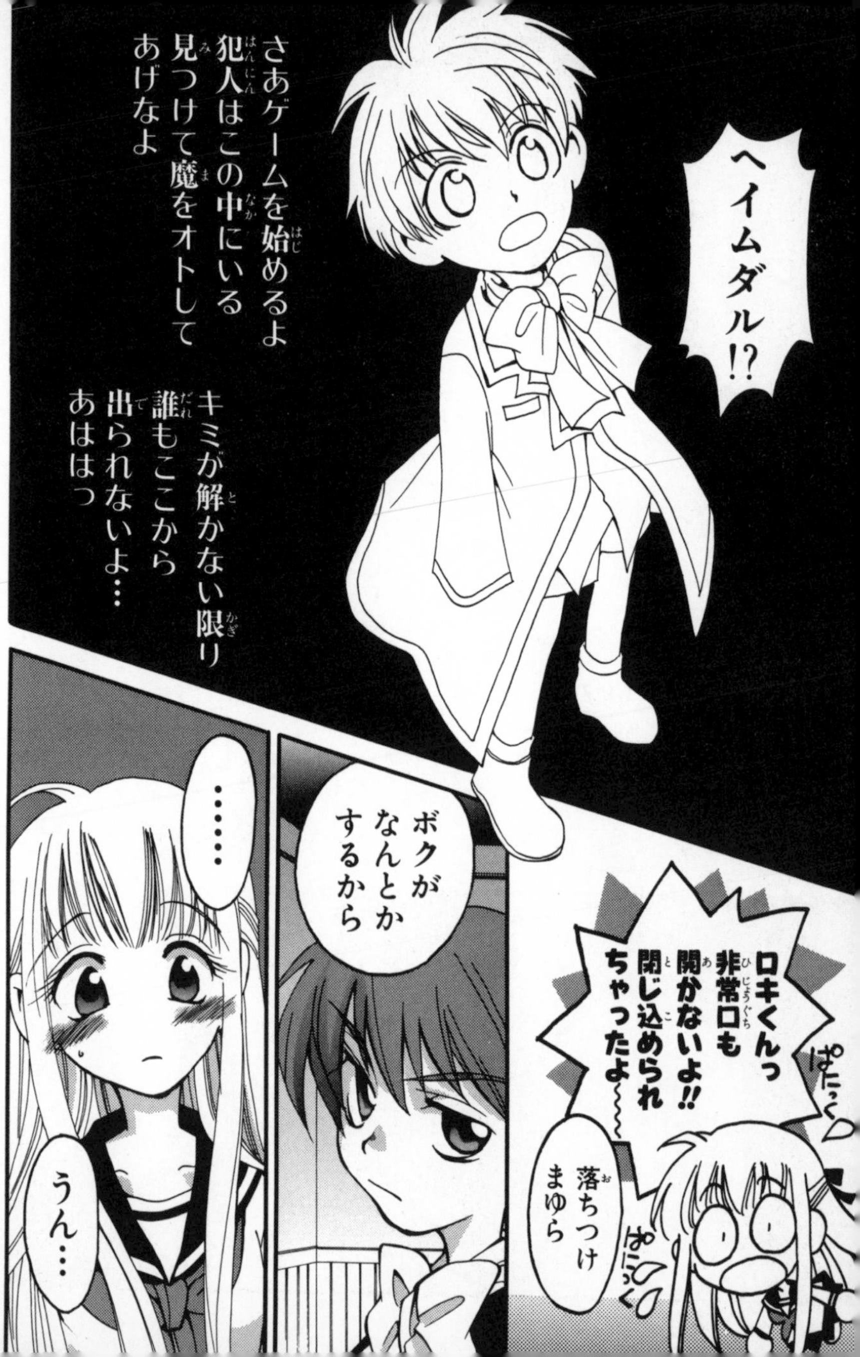
ヘイムダル!?
さあゲームを始《はじ》めるよ
犯人《はんにん》はこの中《なか》にいる
見《み》つけて魔《ま》をオトして
あげなよ
キミが解《と》かない限《かぎ》り
誰《だれ》もここから
出《で》られないよ…
あははっ
ぱたっく
ロキくんっ
非常口《ひじょうぐち》も
開《あ》かないよ!!
閉《と》じ込《こ》められ
ちゃったよ〜〜〜
落《お》ちつけ
まゆら
ぱたっく
ボクが
なんとか
するから
……
うん…

犯人《はんにん》を見《み》つければ
トビラは
開《あ》くんだよ
ぱっ
ホント!?
…他《ほか》に荒《あ》らされた
形跡《けいせき》のないコト
からみて恨《うら》みによる
犯行《はんこう》だろーね…
ねェロキくん
このジグソー
パズルは…
被害者《ひがいしゃ》が
倒《たお》れる時《とき》に
落《お》ちたのかなァ
確《たし》か女《おんな》の人《ひと》が
剣《けん》を持《も》ってる絵《え》
だったんだけど
パチ
じゃ
まゆらが見《み》たのは
タロットの小《しょう》アルカナ
剣《けん》のクイーン……
パチ
でーきた!
こんな具合《ぐあい》に
置《お》いてあった
んだね?
おい
探偵《たんてい》

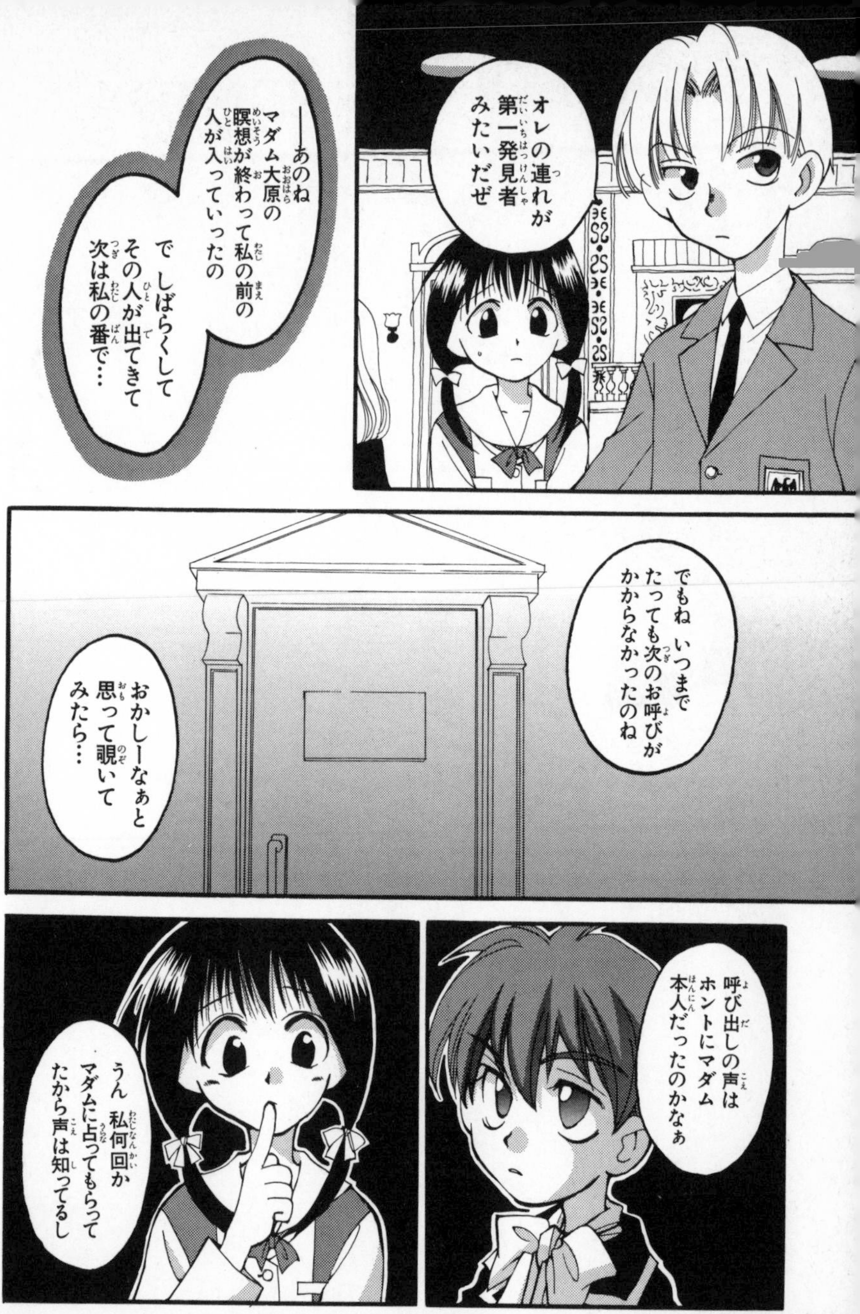
オレの連れ《つ》が第一発見者《だいいちはっけんしゃ》みたいだぜ
——あのね マダム大原《おおはら》の瞑想《めいそう》が終《お》わって私《わたし》の前《まえ》の人《ひと》が入《はい》っていったの で しばらくしてその人《ひと》が出《で》てきて次《つぎ》は私《わたし》の番《ばん》で…
でもね いつまでたっても次《つぎ》のお呼《よ》びがかからなかったのね
おかしーなぁと思《おも》って覗《のぞ》いてみたら…
呼《よ》び出《だ》しの声《こえ》はホントにマダム本人《ほんにん》だったのかなぁ
うん 私《わたし》何回《なんかい》かマダムに占《うらな》ってもらってたから声《こえ》は知《し》ってるし

まゆらは 瞑想時間前《めいそうじかんまえ》に マダムと会《あ》っている とゆーコトは
瞑想後《めいそうご》 最初《さいしょ》のお客《きゃく》が 犯人《はんにん》!
でもな そー 簡単《かんたん》には行《い》かないぜ 誰《だれ》もその客《きゃく》の顔《かお》も 見《み》てないし何処《どこ》へ 行《い》ったかも判《わか》らない ってゆーんだよな
いつのまにやら ききこみ花太郎
うん
うん
な?
う〜ん オレって タンテイっぽ〜い♡
もしかしたら 客《きゃく》を装《よそお》った 同業者《どうぎょうしゃ》ってコトも ありうるよね
なんで 同業者《どうぎょうしゃ》?
だってマダムは 他《ほか》の占《うらな》い師《し》を ペテン師《し》と雑誌《ざっし》で 罵《ののし》ってて 見《み》よーによってはお客《きゃく》サンを 独《ひと》り占《じ》めしてるみたいでしょ? 逆恨《さかうら》みしてても おかしくないし…
コレ コレ
コレ なのよう!

そして あのタロット カード
ダイイング メッセージじゃ ないだろうか？
犯人《はんにん》はマジシャン!?
てコト？
彼女《かのじょ》がカードを逆《さか》さまに持《も》っているコトにも意味《いみ》があるんだ
マジシャンの逆《ぎゃく》の意味《いみ》は—— ペテン師《し》！

つまりマダムがそう呼《よ》んでいた人《ひと》の中《なか》に犯人《はんにん》はいる!!
ペンデュラム占《うらな》い師《し》
タットワ占《うらな》い師《し》
占星術師《せんせいじゅつし》
雑誌《ざっし》に載《の》ってるのはこの3人《にん》の占《うらな》い師《し》サン達《たち》だね
ほっほーなるほどそーゆーコトか
では一人一人《ひとりひとり》容疑者《ようぎしゃ》を当《あ》たってみよーか
てっとり早《ばや》く3人《にん》に分《わ》かれよう
あっそうそう机《つくえ》に飾《かざ》ってあったパズルについて聞《き》ーてみてねー
オレ美人なおねーさんとこ行こーー
だから剣のクィーンだってば

占《うらな》いでマダムを殺《ころ》した犯人判《はんにんわか》るかな〜〜?
てへ てへ
何《なに》この子《こ》そんなコト判《わか》るワケないじゃないっ
ポイ
あらら
あの〜〜マダムの机《つくえ》の上《うえ》にあったパズルって見《み》たコトある?
剣《けん》のキング…権力者《けんりょくしゃ》って意味《いみ》よねあー嫌味《いやみ》ったらしーったら!
タットワ行法《ぎょうほう》とは剣《けん》の先《さき》に自《みずか》らの霊力《れいりょく》を与《あた》え
天使《てんし》を召喚《しょうかん》し啓示《けいじ》を受《う》けるのです

はぁ…
なんだか占《うらな》うコトになってしまった光太郎《こうたろう》
ではまいります
？剣《けん》でやるんじゃないの？
え…ええコレはコレで剣《けん》の代《か》わりになるんですよ
ホラ刃物《はもの》はやっぱり危《あぶ》ないしね
あっそーだマダムの机《つくえ》の上《うえ》のパズルなんだったか知《し》ってる？お姉《ねえ》さん
なんかすっげーあやしーんですケド
…
あー剣《けん》のナイトね闘争心《とうそうしん》剝《む》き出《だ》しってカンジィ!!

私《わたし》が
NO
マダムを殺《ころ》したとゆーの？
ち…違《ちが》うんですか？
斬り込み隊長
ゴク
―――…
だったらどーするの？
え
は
うーん
あっマダムの机《つくえ》のパズルってなんでしたっけ？
剣《けん》のページじゃなかったかしら？
？
ん？なんで私《わたし》が見《み》たのと違《ちが》うの～～～？

皆《みんな》どーだった？
パズルの絵柄《えがら》皆《みんな》でせーので言《い》ってみよーっ
せぇーの
剣《けん》のナイト
剣《けん》のページ
ちなみに私は剣のクィーン
剣《けん》のキング
なんで皆《みんな》違《ちが》うの？？
正解《せいかい》は
剣《けん》のキング！

あれぇ?
とゆーわけで
カチャ
占星術の部屋
正解者《せいかいしゃ》が犯人《はんにん》なのです!
なっ…

マダム大原氏《おおはらし》は精神集中《せいしんしゅうちゅう》のためにジグソーパズルをやっていた
だから皆《みんな》パズルの証言《しょうげん》が不一致《ふいっち》なんだよ
それが私《わたし》になんの関係《かんけい》があるとゆーの!?
そしてまゆらを追《お》い返《かえ》した後《あと》も新《あたら》しいパズルを組《く》み立《た》てた
だから殺《ころ》される直前《ちょくぜん》完成《かんせい》されたパズルの絵《え》犯人《はんにん》しか知《し》りえない

…フフフ
正解《せいかい》だよ
この女《おんな》は嫉妬《しっと》の炎《ほのお》に
灼《や》かれているのさ…
キャーッ
燃《も》えてるぅ!?
どーなってんだっっ
おや皆《みんな》
見《み》えてるの?
では紹介《しょうかい》しようか
アレは
占星術《せんせいじゅつ》を司《つかさど》る
ソロモンのデーモン
アミーさんだよ

スッ
お前《まえ》の魔《ま》をオトしてやろう
VIII
JUSTIS
裁判の女神《ジャスティス》の雷《いかずち》でな！

炎《ほのお》が…消《き》えてる…
……探偵《たんてい》は?

お久《ひさ》し振《ぶ》りでございますロキ様《さま》
お前《まえ》は「必然《ひつぜん》」のノルンだな役目《やくめ》を果《は》たせ

神《かみ》が人間《にんげん》の魔《ま》を
おとし続《つづ》けていても
それは無意味《むいみ》なコト
所詮《しょせん》人間《にんげん》とは魔《ま》に取《と》り憑《つ》かれて
生《い》き続《つづ》けるもの
そしてそれは必然《ひつぜん》
そんなコト
わかっているよ
大神《たいしん》の命令《めいれい》で
やっているだけだ
フフフ…

これでよろしいでしょうか
ヘイムダル様《さま》
フフフ…
キミと遊《あそ》ぶのは楽《たの》しーよロキ…

無事《ぶじ》に帰《かえ》れて良《よ》かったねーロキくん
あれは一体《いったい》なんだったんだろ??
どーやってロキくん火《ひ》を消《け》したの??
んなコトよりまゆらは何《なに》を占《うらな》いたかったの?
ボクが占《うらな》ってあげるよ
え……?
ん…と………

私《わたし》は将来《しょうらい》立派《りっぱ》な探偵《たんてい》になれるかな!?
あーソレならやらんでも判《わか》る。

第《だい》17夜《や》
ビストロ
魔《マ》タンテイ

……ねェ
ロキくん
ん？
聞《き》きたいコト
あるんだケド…
ドドドド
ロキ様《さま》〜〜〜っっ
「キッチンバトルでDON《ドン》!」当《あ》たっちゃいました!!
素人《しろうと》挑戦者《ちょうせんしゃ》出場権《しゅつじょうけん》に!!

あの人気番組《にんきばんぐみ》の!?
何《なに》ソレ?
チームで料理《りょうり》のプロとグルメ勝負《しょうぶ》するんだよね――
私毎週見てるよーっ
ちょ…ヤミノくんなんでそんなもんに…
ええチーム構成《こうせい》は5人《にん》なんですケド……
どーしましょーか ロキ様・・・
通知
んじゃ私《わたし》が人員揃《じんいんそろ》えておくね!!
ちょっと待《ま》ってってば~~~
キッチンバトル
DE DON!
がんばるですぅ
ホントに出《で》るのォ~~!?
まゆらさんもう一人《ひとり》は見《み》つかったんですか?
もちろん!
なんてったってバトルに勝《か》ったら賞金《しょうきん》50万円《まんえん》

勝算《しょうさん》はあるんだろーな？ロキ
ナルカミくんまで……
鳴神《なるがみ》サンッ
キミには神《かみ》としてのプライドはないのかね
••••••••
ああナイね日々《ひび》の食《しょく》にありつくコトで精一杯《せいいっぱい》さ
プライドでメシが食えるか？
あれ？闇野《やみの》サンどこ行《い》っちゃったの？
ビクビク
……
はっ
どーせ料理《りょうり》の実権《じっけん》を握《にぎ》るのはこの私《わたし》…
神界《しんかい》で鳴神《なるがみ》サンにいじめられた恨《うら》み今《いま》こそはらすチャンスなのでは!?

ホラホラ ロキくんも 着替《きが》えておいでよー
みんな ヤル気《き》満《まん》々《まん》
ロキ様《さま》は何《なに》が好《す》きですか？
やりますよ〜〜〜
キクラゲーーッ
クックックックックッ
わっはっはっはっ
……！
どーかしてるよ みんな…… 逃《に》げちゃお〜
くるっ
ぎゃろんっ
なんだ？ このガキ
ヒョイー
！

ロキ様《さま》!!
あの人《ひと》フレンチのプリンス鈴堂《すずどう》だわっ
ガキがこんなとこでうろうろしてんじゃねーよ
ボクだってスキでいるワケじゃない
ロキ様《さま》をぞんざいに扱《あつか》うと私《わたし》が黙《だま》っちゃいませんよ…っ
ゴゴゴ
お前《まえ》が今日《きょう》の対戦相手《たいせんあいて》の料理長《りょうりちょう》か?

――イエ 私《わたし》ではなく今《いま》あなたの手《て》にしてける ロキ様《さま》です
私の主ですから!
ゼシ!
コンッ
ナニ~~~!? 子供《こども》オッッッッ
ポイッ
ふざけんな!
きゃあ ロキ様《さま》!!
コロコロ コロコロ
痛《いた》いな~~~
かわいそーな ロキ様《さま》…
小娘《こむすめ》のくせに この気迫《きはく》は 一体《いったい》!?
たじっ
カツン
うわっ
どすん

ぼ…木刀《ぼくとう》??
きゃああああ
ん?なんだてめーは
お前《まえ》あのガキの一味《いちみ》か!?
あのガキ?ああロキのコトか
そらも——大親友《だいしんゆう》だぜっ
ぐぐっ
ははははははは
(やったね50万円《まんえん》!!)
鈴堂《すずどう》シェフこれどこに置《お》いときましょ?
きのこ

いつまでそんなことやってんだ坂下《さかした》ーーー!! バカーッ
がーっ
おあぁ
うわわわっすいませんっっっ
あいつらに負《ま》けたらお前《まえ》のせいだぞー!?
ヒィイイッ
イヤなタイプですねっ
八《や》つ当《あ》たりしてんなぁ…
フフフ…相変《あいか》わらずロキの周《まわ》りは騒《さわ》がしいねェ
もう一人《ひとり》騒《さわ》がしーのをプレゼントしよう
ハァ…仕方《しかた》ない今日《きょう》はヤミノくんに付《つ》き合《あ》うか
ナマステ!
どどどどど
ロキ様《さま》!!
今度《こんど》はなんだー??
おぎゅ

キャーンッ
お会《あ》いできて
光栄《こうえい》でござい
ま〜〜〜す♡
神界《しんかい》ではずっと
ロキ様《さま》ファンやってて
憧《あこが》れて…
——?
なっ
なんなんだ
キミは!
うっそー—っ
どーして
小《ち》さいの〜〜〜!?
あの麗《うるわ》しくて
ナイスガイな
美形《びけい》のロキ様《さま》は
どこ〜??
ひかえ室
ヤリスギだ…

私《わたし》もノルンの一人《ひとり》 スクルドと申《もう》します 以後《いご》お見《み》知《し》りおきを
ノルン…
——とゆーコトは 事件《じけん》が起《お》こると ゆーことか？
さぁヘイムダル様《さま》の お考《かんが》えは存《ぞん》じ 上《あ》げません
私《わたし》はこの番組《ばんぐみ》の 司会《しかい》をしろって 言《い》われてるだけですし
おーいロキ 着替《きが》え 終《お》わったか？
カチャ
それではロキ様《さま》 また後《あと》で！

……私《わたし》
ムサイ男《おとこ》って
ダメなのよねー
なっなんです
と——!?
ガーン
……そーいえば
トールって確《たし》かに……
ON AIR
食《しょく》を極《きわ》める者《もの》
ソレは聖職者《せいしょくしゃ》にも
似《に》てストイック……
すなわち
キッチンは
サンクチュアリとも
申《もう》します…

ッキン バトル DE DON!
さあ本日《ほんじつ》も聖戦《せいせん》の始《はじ》まりです!!
ボーゼン。
GOKUAKU
本日《ほんじつ》のチャレンジャーは燕雀探偵社《えんじゃくたんていしゃ》の皆《みな》さん!!

受《う》けて立《た》つは
グルメ界《かい》の
プリンス
鈴堂秀樹氏《すずどうひできし》！
と「ラ・プリンス」の
皆《みな》さんっ
さあみなさん
今宵も私と
レッツフレンチ！
彗星《すいせい》のごとく
現《あらわ》れた料理界《りょうりかい》の
サラブレット!!
制限時間《せいげんじかん》は
1時間《じかん》！
はりきって
参《まい》りましょーっ
ガルルルル
なあ
ロキ……

あの司会《しかい》のコが
ヘイムダルの言《い》ってた
ノルンなのか?
もう一人目《ひとりめ》とは
会《あ》ったよ
あのコで二人目《ふたりめ》
二人目《ふたりめ》〜!?
——っつーより
ノルンてなんだ?
前からきこうと
思ってたんだが。
なんで
知《し》らないんだ
キミ……
きたないなァ…
ノルンとは
ウルドの泉《いずみ》にいて
神々《かみがみ》や人間《にんげん》の運命《うんめい》を
決定《けってい》する北欧《ほくおう》の
運命《うんめい》の3女神《めがみ》だよ
The Norns
ロキ様《さま》
ロキさま〜〜〜
おみそ汁《しる》
作《つく》ってみたです〜
あのう…
フレンチ…
鳴神《なるがみ》くんも
賞金《しょうきん》欲《ほ》しかったら
闇野《やみの》さんの
言《い》うコト
聞《き》かないと
まゆらサン…
じぃ〜ん
ヘイ
ヘイ
じゃあ鳴神《なるがみ》サン
そのキューリ
輪切《わぎ》りにして
もらえますか?

よっしゃっロキ
キューリ
投《な》げてみろ!
おらアアア
ホレ
お―――っ
くだいてど―するんですか…
パチパチパチパチ
ヤミノくん!
秘技《ひぎ》
流星乱舞《りゅうせいらんぶ》!!
コスモ技《わざ》
流星群《りゅうせいぐん》が飛《と》び散《ち》る様《さま》

キャーッ
すげーっ
パチパチ
おぉぉぉぉ
パチ
パチパチ
パチ
あ…あいつら
やる気《き》あんのか…?
神聖《しんせい》なるバトルを
なめやがって…
絶対《ぜったい》負《ま》けるワケ
にはいかねェ!
こーなったら
庶民《しょみん》では思《おも》いつかん
高級《こうきゅう》素材《そざい》で勝負《しょうぶ》だ!!
トリュフ
フランスのきのこ メスブタの嗅覚を使って採集する
フォアグラ
人工的に肥えさせたがちょうの肝のペースト
キャビア
ちょうざめの卵の塩漬け
君《きみ》は食《た》べたコトあるか!?
世界《せかい》3大《だい》珍味《ちんみ》!!
あ…
出《だ》しとくの
忘《わす》れた…
なんだとォ
──!?
この役立《やくた》たずっ
もういいっ
オレが取《と》りに
行《い》く!

スタタタタタタ
冷蔵庫《れいぞうこ》だな！
あーあ まったく 鈴堂《すずどう》シェフは 短気《たんき》で困《こま》る よな〜〜〜
親《おや》の七光《ななひかり》りで 料理長《りょうりちょう》になった けど器《うつわ》じゃ ないよな――
坂下《さかした》どうした？ その包帯《ほうたい》
さっき切《き》っ ちゃったんだよ
人《ひと》づかい荒《あら》い もんな――
ちゃくちゃくと できてますね 闇野《やみの》さん！
ちんたらほい
わぁ おいしそう ですぅ〜
鈴堂《すずどう》シェフ 冷蔵庫《れいぞうこ》行った ままどーしたん だろ？
ちょっとボク 様子《ようす》見て きますよ
――？

鈴堂《すずどう》シェフ〜
キィ…
大丈夫《だいじょうぶ》っスか?
!?
すっ鈴堂《すずどう》シェフが倒《たお》れてる!!
なんだって!?

…死《し》んでる…
とにかく警察《けいさつ》に通報《つうほう》しないと!
なんか…異常《いじょう》に寒《さむ》くない？この冷蔵庫《れいぞうこ》
ゲッ 冷蔵庫《れいぞうこ》で凍死《とうし》かよ!?
違《ちが》うよ心臓《しんぞう》マヒだろ!?
あ〜〜この番組《ばんぐみ》もおしまいか〜〜〜〜っっっ

ホントに寒《さむ》いですねェ…
これじゃあ冷凍庫《れいとうこ》だよ…
下《した》に置《お》いてある食材《しょくざい》なんかカチコチですよ
これじゃ料理《りょうり》に使《つか》えないじゃないですかね…
カン
カン
バナナで釘《くぎ》が打《う》てちゃう!
ねェヤミノくんコレ温度《おんど》設定《せってい》のパネルじゃない?
あれ…温度《おんど》設定《せってい》は普通《ふつう》の冷蔵庫《れいぞうこ》並《な》みですよ?
上《うえ》の方《ほう》の棚《たな》にあるバナナは食《く》えるぞ
もぐもぐ
冷気《れいき》は下《した》に行《い》くってゆーけどこんなに差《さ》があるのって変《へん》じゃない?

……床《ゆか》が
氷《こおり》みたいじゃん
てコトは
なんらかの原因《げんいん》に
よって下《した》の方《ほう》だけ
冷却《れいきゃく》されたって
コトだよね
どーやって
…？
ロキ様《さま》!!
クシュン！
とにかく ここから
出《で》ましょう!!
あー
寒《さむ》かった
！
もわ
もわ
もわ
何《なに》やってんの？
レイヤ…
助《たす》けてです
ロキ様《さま》〜〜
パタ
パタ
ドライアイスに
お水《みず》こぼしたです…
どーしよです
止《と》まらないですぅ〜
モヨ
モヨ
モヨ

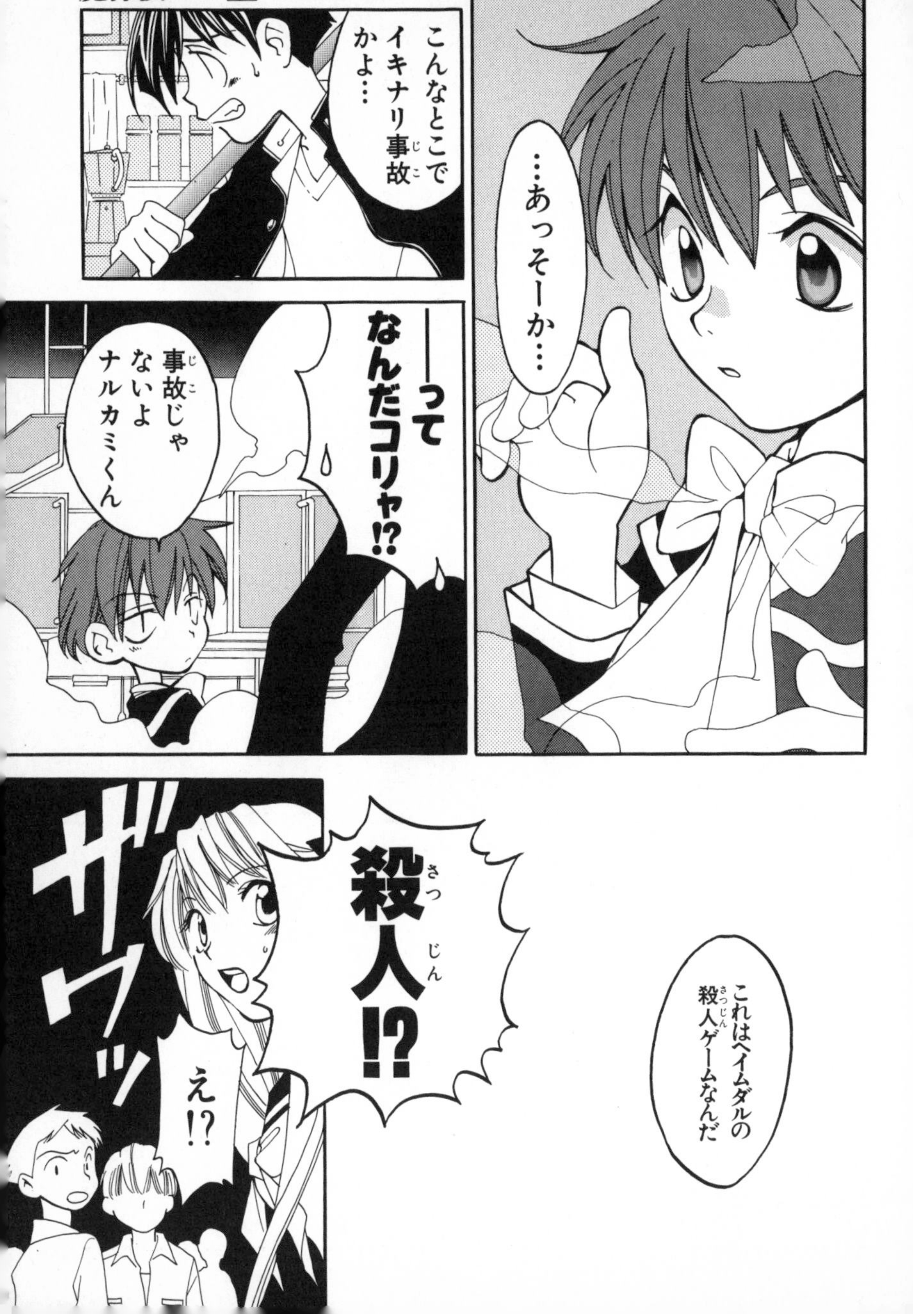
…あっそーか…
こんなとこでイキナリ事故《じこ》かよ…
——ってなんだコリャ!?
事故《じこ》じゃないよナルカミくん
これはヘイムダルの殺人《さつじん》ゲームなんだ
殺《さつ》人《じん》!?
ザワッ
え!?

心臓《しんぞう》マヒによるショック死《し》に見《み》せかけた殺人《さつじん》だよ
さらにゆーなら心臓《しんぞう》マヒに見《み》せかけた酸欠死《さんけつし》だ
どーゆーコト?
あの冷蔵庫《れいぞうこ》の冷《ひ》え方《かた》は異常《いじょう》だったでも液体窒素《えきたいちっそ》を床《ゆか》にバラ撒《ま》いたと考《かんが》えれば説明《せつめい》できるんだよ
液体《えきたい》窒素《ちっそ》?
気体《きたい》の窒素《ちっそ》を液体《えきたい》にしたもので一瞬《いっしゅん》にして物《もの》を凍《こお》らせてしまうんだよ
この寒《さむ》さで鈴堂《すずどう》シェフをショック死《し》させたってコト?
そーじゃないよ冷蔵庫《れいぞうこ》って密閉《みっぺい》されてるでしょ?

犯人《はんにん》は密閉《みっぺい》された空間《くうかん》を窒素《ちっそ》で満《み》たし酸素量《さんそりょう》の割合《わりあい》を低下《ていか》させることが目的《もくてき》で
鈴堂《すずどう》シェフはその一呼吸《ひとこきゅう》で死《し》に至《いた》らされたんだ
人間《にんげん》の脳《のう》は酸素《さんそ》が一定量《いっていりょう》に満《み》たない空気《くうき》を一呼吸《ひとこきゅう》しただけで活動《かつどう》を停止《ていし》してしまうからね
犯人《はんにん》は鈴堂《すずどう》シェフを冷蔵庫《れいぞうこ》へ行《い》くよーに仕向《しむ》けた人間《にんげん》
そして一番最《いちばんさい》 駆《か》けつけて換《かん》 証拠《しょうこ》を消《け》した

それは坂下《さかした》サン！あなただよねっ
え!!
オレが犯人《はんにん》だってゆーのかよォ
いーがかりつけんのはやめろ!!
じゃあその腕《うで》の包帯《ほうたい》はどーしたの？
これは…切《き》ったんだよっ料理中《りょうりちゅう》に…
ヤミノくん
がしっ
なにすんだてめー——
——コレ切《き》ったんじゃないじゃん
………

火傷《やけど》みたいじゃない？
コレって液体窒素《えきたいちっそ》をばら撒《ま》く時《とき》にできた凍傷《とうしょう》でしょ？
く……っ
!?
オレがホントは料理長《りょうりちょう》だったのに…あいつに立場《たちば》を横取《よこど》りされたんだ!!

本当《ほんとう》かよ坂下《さかした》!?
なんてコト……
ほー お前《まえ》はベーオウルフの悪竜《あくりゅう》じゃないか
そっかぁ〜宝物《たからもの》の金《きん》の聖杯《せいはい》を盗《ぬす》まれて取《と》り返《かえ》しに来《き》たんだね
かわいそーだから返《かえ》してあげるよっ

ズドッ
あらら
悪《わる》いコトしたから
聖杯《せいはい》の罰《ばち》が
当《あ》たっちゃった
みたいねっ
にっ
オレが…
オレが…
…………

やあロキ
第《だい》2ラウンドクリアだね
それでは予言《よげん》参《まい》りますロキ様《さま》
大《おお》いなる災《わざわ》いを
招《まね》く者《もの》の存《そん》在《ざい》
たとえ避《さ》けられぬ
災《わざわ》いだとしても
抗《あらが》う存《そん》在《ざい》
両《りょう》者《しゃ》の存《そん》在《ざい》は
災《わざわ》いの存《そん》在《ざい》を
確《かく》実《じつ》なものにする

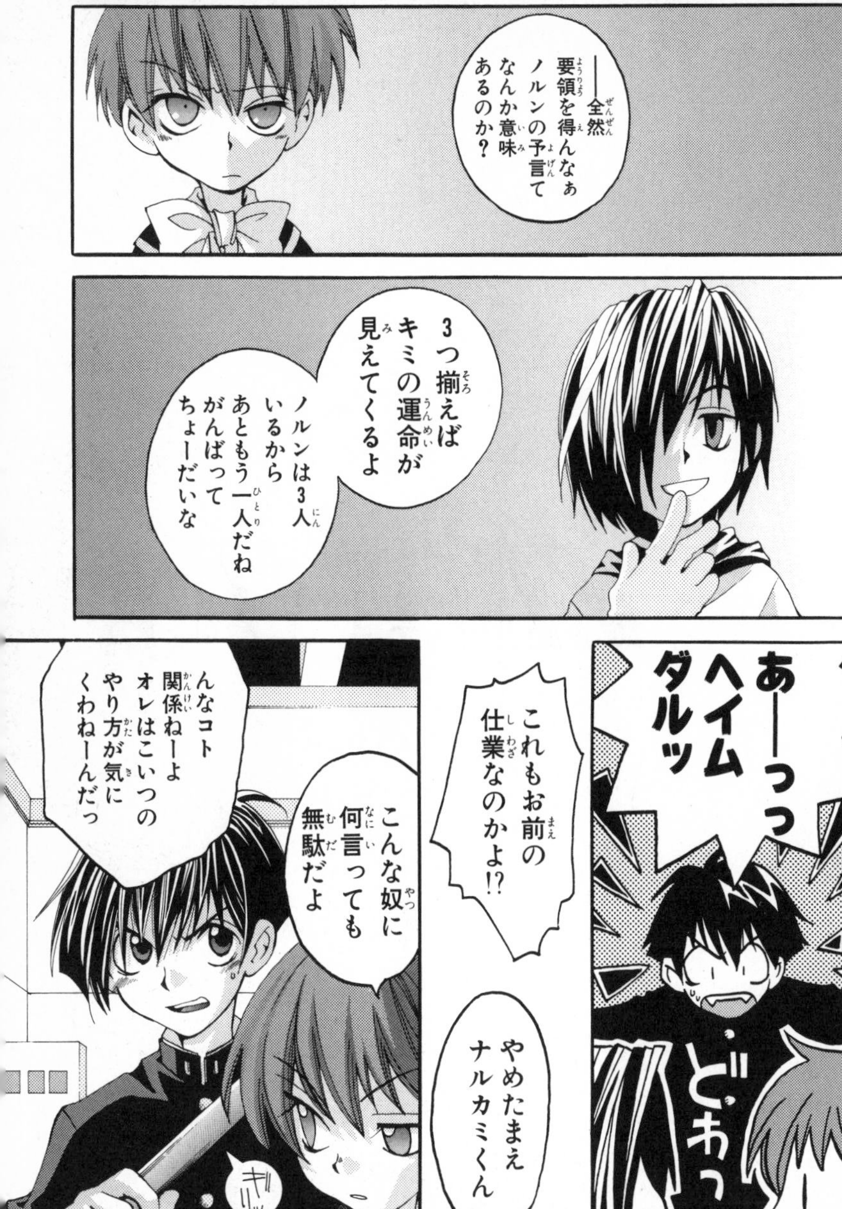
――全然《ぜんぜん》要領《ようりょう》を得《え》んなぁ ノルンの予言《よげん》て なんか意味《いみ》 あるのか？
3つ揃《そろ》えば キミの運命《うんめい》が 見《み》えてくるよ
ノルンは3人《にん》 いるから あともう一人《ひとり》だね がんばって ちょーだいな
あーっっ ヘイム ダルッ
これもお前《まえ》の 仕業《しわざ》なのかよ!?
どおっ
やめたまえ ナルカミくん
こんな奴《やつ》に 何《なに》言《い》っても 無駄《むだ》だよ
んなコト 関係《かんけい》ねーよ オレはこいつの やり方《かた》が気《き》に くわねーんだっ
ギリッ

あーそれはどーも
スイマセンねー
お気《き》に召《め》さなくて
ぎゃあ
ムカつく——
てめ——っっ
ぎゃあ
やめろ
ってば
あっ
な…っ
いけなーい
塾《じゅく》の時《じ》間《かん》だ
またねー
ロキ様《さま》〜♡
はァ!?
なんで神《かみ》サマが
塾《じゅく》に行《い》くんだ
よおぉぉぉ
ちょっと待てぃ!!
キミだって
バイト
行くじゃん。
やっぱり撮影《さつえい》は
中断《ちゅうだん》ですかねェ…
ロキ様《さま》

疲《つか》れた〜
うおーっっ
オレの50万円《まんえん》〜〜〜
いや〜長《なが》い1日《にち》だったア〜
ロキを信用《しんよう》したオレがバカだったのか…
鉄腕《てつわん》アルバイターの法則第十条《ほうそくだいじゅうじょう》
おいしいバイトには気《き》をつけろ!!
トボトボ
勝手《かって》に信用《しんよう》すんな
レイヤはもっとお料理上手《りょうりじょうず》になるよーにがんばるです…
キュ
キュ
●●●●●●●●
明日《あした》から見野《みの》サンに特訓《とっくん》してもらうです!
あれ?まゆらも帰《かえ》るの?
送《おく》ってこーか?
ううん平気平気《へいきへいき》
じゃっ
…おや珍《めずら》しい…

ところで
ヤミノくん どーしてあんな番組《ばんぐみ》に応募《おうぼ》したワケ？
ハアちょっと自分《じぶん》の料理《りょうり》の腕《うで》を試《ため》してみたくなったんです
ふーん なら途中《とちゅう》で中断《ちゅうだん》されちゃったのは残念《ざんねん》だったねェ
イエ…やっぱり私《わたし》はロキ様《さま》のためにお料理《りょうり》するのが一番楽《いちばんたの》しいって気付《きづ》きましたから
ハハハ…そりゃどーも

なんか お腹《なか》すいてきちゃった——
それでは今夜《こんや》も腕《うで》をふるわせて頂《いただ》きますです！
ロキくんて一体《いったい》なんなんだろう
また結局《けっきょく》聞《き》けなかったなぁ
まゆらちゃん
あら和実《かずみ》くん どーしたの？ こんな時間《じかん》に
うん塾《じゅく》の帰《かえ》りなんだ——

ノルンの予言《よげん》
あと一人《ひとり》か…
ヘイムダルは何《なに》を企《たくら》んでいるんだろうか……？
まゆらちゃん何《なに》考《かんが》えこんでたの？
当《あ》ててみよーか？
え？

第《だい》18夜《や》
カジノ・ヘイムダルで
（前《ぜん》編《ぺん》）

どーしちゃったんでしょうまゆらサン…
ここ何日《なんにち》顔《かお》見《み》てませんケド…
ねェロキ様《さま》
うん……
おやや？ソレってまゆらサンのぐるぐるメガネじゃないですか？
忘《わす》れてったんだよ すぐ取《と》りに来《く》ると思《おも》ったんだけどな
細工《さいく》してみたりして。
ミステリィ〜
カチャ
フォッフォッフォ
不《ぶ》気《き》味《み》さに拍車《はくしゃ》がかかりますね

おーい
ロキ……
鳴神《なるがみ》サンにまゆらパパさん！
ぎゃあぁ
んなに驚《おどろ》くなよ…
ミミスチェリ〜!!
なんだって？
まゆら家《いえ》にも帰《かえ》ってないのか……
街中《まちなか》でオレに会《あ》うなり「まゆらどこだ〜っ」ってヤバかったんだぜ？
このオッサン
ヨレ
ヨレ

ここにもおらんか…
ギョロギョロ
親子《おやこ》ゲンカしたとか?
——あの子《こ》はおてんばだが
わしをこんなに心配《しんぱい》させるなんてできない子《こ》なんだ…
ブツブツ
きっと何《なに》かあったに違《ちが》いない…
ブツブツ
まゆら失踪《しっそう》か…
オレも大堂寺《だいどうじ》捜《さが》し手伝《てつだ》ってくるぜ
ヤレヤレ
哀《あわ》れな中年《ちゅうねん》て見《み》てらんねー
ぴら
ちょ

ちょっと待《ま》てナルカミくん!!
ベリッ!
なっなんだよロキ!
東《ひがし》山《やま》和《かず》実《み》…ヘイムダルからの手《て》紙《がみ》じゃないかっっ
ナルカミくんいつコレを……
へ?
へ?
や…やっぱさっき…とかかな?
……かなわないな 小事《しょうじ》にこだわらないキミの大物《おおもの》っぷりには
イヤホントに
今《いま》となっては鳴神《なるがみ》サンだけが頼《たよ》りですね…
あーうかつなオレが悪《わる》かったよ どーもすいませんねぇ!!

「まゆらちゃんは ボクの別荘《べっそう》に いるから 遊《あそ》びに来《き》てね♡」
ボッ ボッ
——だと!? 何考《なにかんが》えてんだ ヘムの野郎《やろう》っ
ザザ
「ヘム」とは ヘイムダルの コトかね ナルカミくん…
しかも なんでこんなに 遠《とお》いーんだよっっっ

あ あの島《しま》かな？
ヘイムダルの別荘《べっそう》は
どよーん
…陰険《いんけん》そーな
島《しま》だな……
んだら
雲《くも》行《ゆ》き怪《あや》しく
なってきた
なっちょー
風《かぜ》がでてきた！
ヒョオオオォ
ラっちゃ だらって
無線《むせん》も通《つう》じなく
なつた!!
あんれま こったださ
むかえにこれんちょもー
ザーー ガー
ガピー ガー
海《うみ》も
しけってきた!!!
ザパーン
あららら らら～
ギャアア
……どーでも
いーから早《はや》く
陸《りく》に降《お》ろして
くれ……
おえ
うぐ
ふっ 船《ふな》酔《よ》い…？
案外《あんがい》デリケートね キミ……

――やっぱり
まゆらを一人《ひとり》にさせるべきじゃなかったんだ……
到着《とうちゃく》っ

しかしヘムにしろロキにしろどーしてこんな豪華《ごうか》な城《しろ》に住《す》めるんだ…?
ごめんくださ〜い
このロキ様《さま》が来《き》てやったぞーっヘム〜〜〜
なんかムカつくからこの石像《せきぞう》壊《こわ》してやろーかな……
いらっしゃいませ
ビクゥ!!!
ヴェルダンディー!

ノルンだな!?
そっ一人目《ひとりめ》のね
ロキ様《さま》のお部屋《へや》はこの「ハートの3」です
鳴神様《なるがみさま》のお部屋《へや》は向《む》かいの「クローバーの8」になります
後程廊下《のちほどろうか》の突《つ》き当《あ》たりの部屋《へや》「スペードのキング」にいらしてください
ヴェルダンディ…
お前達《まえたち》ノルンが何故《なぜ》ヘイムダルに手《て》を貸《か》しているんだ?
ザザザ…
窓《まど》の下《した》は断崖絶壁《だんがいぜっぺき》!! 絶景《ぜっけい》～～～!?
お前達《まえたち》はボク達《たち》や人間《にんげん》の現在《げんざい》・過去《かこ》・未来《みらい》を見《み》るのが仕事《しごと》だろ?
ソレとも他《ほか》に何《なに》か重要《じゅうよう》なコトでもあるのか?

…あの子《こ》を助《たす》けてあげてくださいねロキ様《さま》
おーいロキ海《うみ》っていいーな〜
これは…
ぽっかーん…
カジノ！

DEALER MUST DREW TO
INSURANCE P
Black Jo
なんでこんなトコロに!?
ここに大堂寺《だいどうじ》が…
まゆら
おいっ何《なに》やってんだよ大堂寺《だいどうじ》!
おやじさんすっげー心配《しんぱい》してるぜ!?
プン
プン
ジーッ
ジーッ

営業スマイル!!
ペコ
新《あたら》しいお客様《きゃくさま》ですね どーぞごゆっくり!
どっ どーなってんだぁ!?
決《き》まってるじゃないか
ヘイムダルに操《あやつ》られているんだよ
ドッカ!!
キャーッ ロキロキ ロッキュ〜ンッ
ゲはぁ
むぎゅ
スッ スクルド!!
ハ〜イ?
……ヘイムダルはどこに……
…
うふーん ナ・イ・ショ!

呼《よ》び出《だ》しといて そりゃない だろぉ〜〜〜
ようこそお越《こ》し くださいました ロキ様《さま》
私《わたし》が最後《さいご》の プレゼンターと なります
ウルド!
うおーーー ノルン3名《めい》 勢揃《せいぞろ》いだぜっ
ふ〜ん… 最後《さいご》のねェ…
ここにいる この人《ひと》達《たち》は?
ヘイムダル様《さま》が御招待《ごしょうたい》 なさった方々《かたがた》です

彼《かれ》らの目的《もくてき》はただ一《ひと》つ
「黄金《おうごん》のりんご」を手《て》に入《い》れる事《こと》
黄《おう》金《ごん》!?
当《とう》カジノでは目標《もくひょう》ポイントチップ数《すう》を設定《せってい》しておりまして
一番最初《いちばんさいしょ》に到達《とうたつ》された方《かた》だけが入手《にゅうしゅ》できるのです
もちろんロキ様《さま》の場合《ばあい》はまゆらさんなのですけど……

よーするに
カジノで儲《もう》けろってコトか
…ヘイムダル何《なに》をするつもりなんだろう?
そーとなったら早速《さっそく》始《はじ》めよーぜロキ!!
わくわく
わくわくって……
ギャンブルは未成年禁止《みせいねんきんし》です~~~
黄金《おうごん》のりんご――
ブラックジャーック
ウッキ
ウキ
やり方《かた》知《し》ってんの?ナルカミくん
ルール!?
そんなキミのために
HOW TO BLACKJACK

ブラックジャックの基本的《きほんてき》なルール

★ジョーカーを抜《ぬ》いたトランプ52枚《まい》を使用《しよう》

2～10	数字《すうじ》通《どお》りの点数《てんすう》
J～K	10点《てん》
A	1点《てん》または11点《てん》

ディーラー
親
PLAYER サイド
トランプはオープンカードでくばられ
21を越えるまで何枚でも
もらうコトができるんだよー。

カードの合計《ごうけい》を21に近《ちか》づけるのだ!!

合計《ごうけい》21を越《こ》えて
しまった場合《ばあい》

バースト

3
8
7
5

チップはすべて没収《ぼっしゅう》

A《エース》と絵札《えふだ》で21

ブラックジャック

A
J

やはりコレが一番《いちばん》強《つよ》い。
チップも倍《ばい》になる

ディーラーよりも自分《じぶん》の
点数《てんすう》が21に近《ちか》ければ

18点
20点
ボク

負《ま》け	勝《か》ち

ディーラーの原則《げんそく》

・合計点《ごうけいてん》16以下《いか》なら
もう1枚《まい》カードを引《ひ》く

・合計点《ごうけいてん》17以上《いじょう》なら
もうカードは引《ひ》けない

ゲーム進行係なので
個人的判断はできません。

**以上《いじょう》をふまえて
ディーラーよりも
21に近《ちか》い
合計点《ごうけいてん》を目指《めざ》そう!!**

Let's Challenge Black Jack!

へっへっへ〜〜〜 こーゆーのって 燃《も》えるなァ
男《おとこ》のロマンと ゆーべきか…
すりすり
合計 11点
うむ もー1枚《まい》 くれ
合計 14点
きりっ
当然《とうぜん》 もー1枚《まい》 だろ!
合計 24点
うんー!?
なんでイキナリ でっかい数がでて くんだよおおおっ
これが バーストといって 一番《いちばん》望《のぞ》ましくない 結果《けっか》ですな
サギだァァァ

自分《じぶん》が不利《ふり》な展開《てんかい》の時《とき》はあえて勝負《しょうぶ》にでる必要《ひつよう》はナイんだよ
無理《むり》に21を狙《ねら》うよりディーラーのバーストを待《ま》つのも策略《さくりゃく》の一《ひと》つだよ
ブラックジャックとはね「10」という数字《すうじ》がでてくる確率《かくりつ》が最《もっと》も高《たか》い
コレを念頭《ねんとう》においてやるのがコツなの
A (1または11)4枚《まい》
2~9 各《かく》4枚《まい》ずつ
10~K (これらはすべて10点《てん》と数《かぞ》えられる)16枚《まい》
すなわち3枚《まい》に1枚弱《まいじゃく》は「10」である!
だから自分《じぶん》が「11」の時《とき》に勝負《しょうぶ》をかけるのがホントのやり方《かた》
ちなみに「もう1枚《まい》くれ」は「ヒット」
「もーいりませんよ」は「スタンド」
ササ

判《わか》った?
う〜む
判《わか》ったよーな 判《わか》らんよーな
わーお ブラック ジャック!
どああ またしても バースト!!
わーいまた 勝《か》っちゃった♡
ひーっっ なんでオレばっかり バースト〜〜〜!?
ザワ‥
豪運《ごううん》って やつか…?
どーして あんな子供《こども》が …?

本日《ほんじつ》のカジノはこの辺《へん》で終了《しゅうりょう》です
今日《きょう》も目標《もくひょう》ポイントに到達《とうたつ》された方《かた》はいらしゃいませんでしたので明日《あした》に繰《く》り越《こ》させて頂《いただ》きます
キミ強《つよ》いねー
昨日《きのう》からやってる僕《ぼく》ともう同点《どうてん》じゃないか！
カウンティング《確率計算》でもしてんじゃねーのか？
子供《こども》にできるわけナイでしょー？

できるよー ギャンブラー ロキって呼《よ》んで!
えっへん
ずーん
あー
つまんねー
はぁ・・・
ロキくんか…僕《ぼく》は山口《やまぐち》 N《エヌ》製薬《せいやく》の研究員《けんきゅういん》 よろしく
私《わたし》は A《エー》医療器機販売《いりょうききはんばい》 社長秘書《しゃちょうひしょ》の 田中正美《たなかまさみ》よ
近藤《こんどう》だ H《エッチ》大学病院《だいがくびょういん》の 医者《いしゃ》をしている
高田《たかだ》です T《ティー》病院《びょういん》の 女医《じょい》さんよ
F《エフ》製薬《せいやく》の 研究員《けんきゅういん》 柿本《かきもと》
へ〜〜みんな 医療関係《いりょうかんけい》の 人達《ひとたち》なんだ 忙《いそが》しくないの
!
あっそーそー もー一人《ひとり》 いたんだ

宮村《みやむら》って
昨日《きのう》トップだった奴《やつ》が
いるんだけどねー
今日《きょう》は部屋《へや》から
出《で》てこないわね
こっちには都合《つごう》いーけど
ちょっと心配《しんぱい》だな…
見《み》てくるか
なんでみんな
「黄金《おうごん》のりんご」が
そんなに欲《ほ》しーの？
そりゃ黄金《おうごん》だろ？
オレだって欲《ほ》しーぜ
？

おいっみんな
ちょっと来《き》てくれ！
宮村《みやむら》が……
奴《やつ》の部屋《へや》に来《き》てみたら誰《だれ》もいないし
窓《まど》だけが開《ひら》いてたからもしやと思《おも》ってのぞいたら…

自《じ》殺《さつ》か?
なんで昨日《きのう》までトップの宮村《みやむら》サンが自殺《じさつ》するのよ…?
どーする…?このまま放《ほう》っておくのか?
あそこじゃオレ達《たち》の手《て》の出《だ》しようがないぜ
仕方《しかた》ないわよね…
まっ待《ま》てよっ そーゆー問題《もんだい》かよ!? 人《ひと》が死《し》んでんじゃねーか!!
…………

う〜ん
何《なに》か気《き》になるコトあるのか?
ナンにもない…なさすぎる…
……
ピクッ!
!
そお〜〜…
プラ
プラ

？
…やっぱダメ？
おいおい
プイー
たっ
…まゆら？
ヘイムダルに操《あやつ》られてるとはいえ
あんなまゆらだと調子《ちょうし》狂《くる》っちゃうんだよな〜〜〜

いつもなら
「キャーロキくん
離《はな》れ島《じま》の
別荘《べっそう》ってとっても」
なーんてね
きゃはははは
うわわわ
ガッシャー

た
助《たす》かった…
くそっ ボクを狙《ねら》って誰《だれ》か…
べっくらこいたーっ
!
だとすると
がばっ
ゴボォォン
――助《たす》かって……
ぱたり
ナイ。

フフフッ
ロキのあんな顔《かお》が
見《み》れるなんて
最高《さいこう》だね
シナリオ
どーりとは
いかないまでも…
ま
コレからだし
…キ
おいっ
ロキ！
起《お》きろっ

いつまでこんなトコで寝《ね》てんだよ!
う…あ
……あのさあナルカミくんコレ見《み》てどー思《おも》うよ?
な!?
ウルド山口《やまぐち》サンの部屋《へや》は何処《どこ》だ?
「ダイヤの7」ですケド?
最初《さいしょ》から気《き》づいてよ…
ボクが狙《ねら》われたとなるともー一人《ひとり》危《あぶ》ない人《ひと》がいる…
あー
行《い》くよナルカミくんっ

部屋《へや》の並《なら》びは 右《みぎ》が2 4 1 5 3 左《ひだり》が9 10 7 6 8？
なんだ この へんてこな並《なら》びは
ところで…
なんで山口《やまぐち》サンが 危《あぶ》ないんだロキ？

だってさ さっき 海《うみ》に落《お》ちた人《ひと》って 昨日《きのう》の時点《じてん》でポイント トップだったって 言《い》ってたじゃん
そんで今日《きょう》トップの ボクが狙《ねら》われた…… だとすると同点《どうてん》である 山口《やまぐち》サンも危《あぶ》ないって コトにならないか？
コン
コン
あ……
大堂寺《だいどうじ》の声《こえ》 じゃねーか？
隣《となり》は まゆら……？

……まゆら…！

第《だい》19夜《や》
カジノ・ヘイムダルで
(後《こう》編《へん》)

へイムダルに誘拐《ゆうかい》された
まゆらを追《お》って
彼《かれ》が待《ま》つ島《しま》へ向《む》かった
ロキと鳴神《なるがみ》——

出迎《でむか》えたノルンに導《みちび》かれた先《さき》は
「黄金《おうごん》のりんご」を求《もと》める
人々《ひとびと》が集《つど》うカジノ場《ば》だった。
そして、そこでロキと鳴神《なるがみ》が
見《み》たのはへイムダルに操《あやつ》られ
カジノのディーラーをする
まゆらの姿《すがた》であった……。

まゆらを
取《と》り戻《もど》すために
カジノ勝負《しょうぶ》に
のったロキは
参加者《さんかしゃ》の中《なか》で
トップの座《ざ》につく。

だがその晩《ばん》、
前日《ぜんじつ》のトップだった宮村《みやむら》が
崖下《がけした》で死体《したい》となって
発見《はっけん》されるのだった。
事故《じこ》か？殺人《さつじん》か？
そして欲望《よくぼう》を剝《む》き出《だ》しに
し始《はじ》める参加者達《さんかしゃたち》！

そして操《あやつ》られたまゆらを追《お》う
ロキが目《め》にしたものは、
新《あら》たな殺人現場《さつじんげんば》であった！
死者《ししゃ》の前《まえ》に立《た》ち尽《つ》くす
まゆら………。
その手《て》には
血《ち》にまみれたナイフが
握《にぎ》られていた——!!

ー
だっ大堂寺《だいどうじ》 お前《まえ》そのナイフ……
……え？
キャアアアアアア!!
なんだ!? どーしたんだ？
ドカドカ

こっ これは…!
山口《やまぐち》ッ
何故《なぜ》オレ達《たち》以外《いがい》で「黄金《おうごん》のりんご」を知《し》ってるんだ!?
そうかっ宮村《みやむら》を突《つ》き落《お》としたのもお前《まえ》がやったんだろ!!
おい…ちょっと待《ま》てよ…
ひ…

ふえ〜〜〜……
ずいっ
勝手《かって》に決《き》めつけないで欲《ほ》しいな
動機《どうき》がないだろ
……
そのりんごがなんなのか知《し》らないケドキミ達《たち》以外《いがい》には知《し》り得《え》ないんだろ？
そしてキミ達《たち》以上《いじょう》に欲《ほっ》する理由《りゆう》がどこにある!?
なあまゆらホントに殺《ころ》したのか？
プルプル

とにかく落《お》ちつかせて彼女《かのじょ》に事情《じじょう》を聞《き》いてみるよ
でもこの状況《じょうきょう》はどう見《み》たって…
子供《こども》のクセに事情聴取《じじょうちょうしゅ》？何《なに》かの読《よ》み過《す》ぎなんじゃないの？
どっちにしてもここでもう二人《ふたり》も殺《ころ》されてるワケよね
ライバルが減《へ》ってちょうどいい
！
私《わたし》 このカジノゲーム降《お》りるわ
こんな奴《やつ》ら構《かま》ってないで早《はや》く部屋《へや》戻《もど》ろーぜっ
あー気分 悪っ

ザー
自分《じぶん》の
部屋《へや》に戻《もど》ったら
床《ゆか》に人《ひと》が倒《たお》れてて
起《お》こそうとしたら
ナイフが抜《ぬ》けて
茫然《ぼうぜん》と
しているところに
ボク達《たち》が来《き》た——
ってコトで
いいんだね？
キュッ
コクリ。
「黄金《おうごん》のりんご」の
コトも もちろん
知《し》らないよね…
私《わたし》はただの
ディーラー
だから…
他《ほか》にあの
「10」の部屋《へや》で
変《か》わったコトは？
——廊下《ろうか》が
薄暗《うすぐら》いから部屋《へや》は
カードの数字《すうじ》で
覚《おぼ》えてるんだけど…
あの時《とき》は
なんだか距離感《きょりかん》が
ちょっと……

うん判《わか》った
ボクの部屋《へや》で
休《やす》んでて
ナルカミくん
おもてに出《で》よう
うむ…？
また狙《ねら》われると
イヤだから
護衛《ごえい》よろしく
どこ
行《い》くんだよ？
ロキ
さっきみんなが
部屋《へや》に戻《もど》るの
見《み》てたんだ
田中《たなか》サン
戦線離脱《せんせんりだつ》したから
話《はなし》聞《き》けるかもと思《おも》って
あら
ロキくんだったわね
事情聴取《じじょうちょうしゅ》は
終《お》わったの？
LUCKY
女性《じょせい》の寝室《しんしつ》に
青少年《せいしょうねん》は
立《た》ち入《い》り禁止《きんし》
よ！
ポイ

ソコでおとなしく見張《みは》っててねナルカミく〜〜ん
……
ぼいいん
悩殺《のうさつ》!!
それで?オネーサンに聞《き》きたいコトって何《なに》?
え〜田中《たなか》サンみたいなキレイな人《ひと》がどーしてこんなトコに来《き》てるのかと思《おも》って〜〜〜
えへへ〜
東山《ひがしやま》教授《きょうじゅ》!?
…死《し》んだ東山教授《ひがしやまきょうじゅ》の息子《むすこ》が遺品《いひん》をくれるって言《い》ったのよ「黄金《おうごん》のりんご」をね
私達《わたしたち》は昔《むかし》 同《おな》じ大学《だいがく》のプロジェクトチームで東山氏《ひがしやまし》の下《した》である研究《けんきゅう》を行《おこな》っていたの
それは医学界《いがくかい》にとって永遠《えいえん》のテーマ…革命的《かくめいてき》な研究《けんきゅう》だったわ

でも…東山教授《ひがしやまきょうじゅ》が不慮《ふりょ》の事故《じこ》で亡《な》くなってからは研究《けんきゅう》も頓挫《とんざ》してしまって…
なにしろその研究論文《けんきゅうろんぶん》は教授《きょうじゅ》しか持《も》っていなかったから
その論文《ろんぶん》が黄金《おうごん》のりんごって呼《よ》ばれてるの?
フフフ…
どっかであのディーラーの子《こ》もソレを聞《き》いちゃったのねだからって殺《ころ》したって手《て》に入《はい》らないのに
とにかくあの研究《けんきゅう》が成功《せいこう》すれば莫大《ばくだい》な利益《りえき》を上《あ》げるコトが可能《かのう》ね
だけど私《わたし》は自分《じぶん》の身《み》の方《ほう》が大事《だいじ》だし――
……

ぱたん
お待《ま》たせ ナルカミくん
どーだったよ ロキ
イヤイヤ 悩《なや》まし かつたぁ〜
あのぅ…
なんの話《はなし》を してるんだ お前《まえ》は
この子《こ》 ロキ様《さま》の…?
ロキしゃまぁ
ああ〜 えっつん!!
プニャラ プニャオ!!
MAGICAL MYSTERY TOUR
??
浜辺《はまべ》に 打《う》ち上《あ》げられ ていたんです
かっこいーぜ プチャラ!!
海をも超える 主人への想い…… 愛と感動の物語!!
ザザーン
一人《ひとり》(?)で 来《き》たのか 偉《えら》いなぁ
あいちゃ かっちゃれすー
ブ ブク ブク

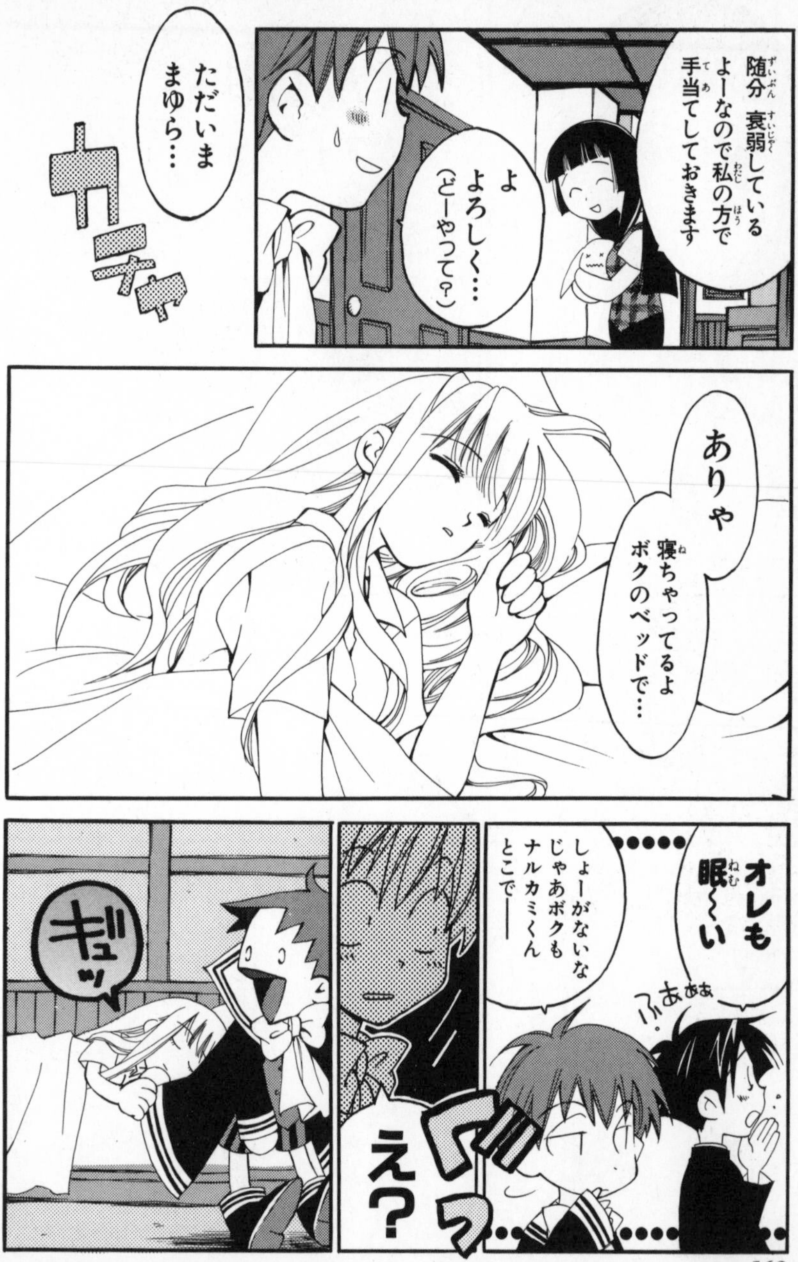
随分《ずいぶん》 衰弱《すいじゃく》しているよーなので私《わたし》の方《ほう》で手当《てあ》てしておきます
よ よろしく… (どーやって?)
ただいま まゆら…
カチャ
ありゃ
寝《ね》ちゃってるよ ボクのベッドで…
オレも眠《ねむ》~い
……
ふあああ
しょーがないな じゃあボクもナルカミくんとこで——
……
ぐっ
え?
ギュッ

ははは
ははは
じゃーなロキ
一緒《いっしょ》に寝《ね》てやれよ
え？
ぐっ
……
……
……

昨日《きのう》人《ひと》が殺《ころ》された
ってゆーのに
よくカジノなんか
やってられるなあ…

ライバルが減《へ》って更《さら》にヤル気《き》出《だ》してるみたいだ
みんなどーかしてるな！
まるで殺人《さつじん》カジノゲームね
そんなコトやってるよりこの島《しま》からの脱《だっ》出《しゅつ》方《ほう》法《ほう》考《かんが》えた方《ほう》が身《み》の為《ため》じゃない？
なんだかシラけてるみたいだね
ゲーム中《ちゅう》断《だん》かな？

東山《ひがしやま》和実《かずみ》!
あーっ やっとでた ヘム!!
ふざけんなよ ここまで来《き》て 手《て》ブラで帰《かえ》れるかっ
田中《たなか》が 余計《よけい》なコト 言《い》うから…
ソレより二人《ふたり》で ゲームがしたいな ロキ
みんな 出《で》てって くんない?
じゃないと ホントに やめちゃうもの?
ちっ
ナルカミくん まゆら 見《み》ててよね
オレも 追《お》い出《だ》す のかよ
さて

ブラックジャックくらい付《つ》き合《あ》ってもいい
ボクが勝《か》ったらまゆらをもとに戻《もど》せよ
どーやってあの子《こ》を操《あやつ》ってるか知《し》りたい？
？
あの子《こ》はね見《み》えてたんだよ
見《み》えてた？
ボクが魔法《まほう》をかけてあげたんだ

そのとたん
ロキのコト
不思議《ふしぎ》に思《おも》い
始《はじ》めてね
そーゆートコに
ボクが
付《つ》け込《こ》むワケ
……
アハハ!!
ブラックジャック
ボクの勝《か》ちだよ
あっ
さあロキ
キミが奪《うば》った
ボクの右目《みぎめ》…
返《かえ》してくれないかな

キミが持《も》っているんだろ？ボクの目玉《めだま》…
このゲームボクの勝《か》ちだ
大変《たいへん》だぜロキ！また人《ひと》が殺《ころ》されてるっ
バッ
！
すまないが東山《ひがしやま》和実《かずみ》くん
ブラックジャックは終了《しゅうりょう》だよ
フンボクには最終兵器《さいしゅうへいき》があるんだぞ…

田中《たなか》サン…っ
目《め》を離《はな》した隙《すき》に大堂寺《だいどうじ》いなくなっちゃって
んで捜《さが》してこの部屋《へや》来《き》たらさ……
もしかしてホントに大堂寺《だいどうじ》が？
ホントにそー思《おも》うの？ナルカミくん
……イヤもっかい捜《さが》してくるわ

——フム そーか……
またあの子《こ》が殺《ころ》したの？
ね一高田《たかだ》サン ボクの推理《すいり》聞《き》ーてくれる？
え？
まゆらは犯人《はんにん》じゃないと思《おも》うんだ だってディーラーは りんごをもらう資格《しかく》がないでしょ？
ボクとか山口《やまぐち》サンとか宮村《みやむら》サンはトップだったから狙《ねら》われたワケだし
山口《やまぐち》サン殺害《さつがい》の時《とき》は まゆらを犯人《はんにん》に仕立《した》てよーと
多分《たぶん》真犯人《しんはんにん》は ナンバープレートを入《い》れ替《か》えたんだよ
まゆらの「10」と山口《やまぐち》サンの「7」をね

つまりね この客室《きゃくしつ》はブラックジャックでゆう21になる法則性《ほうそくせい》で部屋割《へやわ》りをしてあったんだよ
♠キング カジノ室
♥2 柿本
♠9 近藤
♠4 高田
♦7 山口
♣1 宮村
♦10 まゆら
♠5 田中
♥6 空室
♥3 ロキ
♣8 鳴神
廊下
正面《しょうめん》の数字《すうじ》と突《つ》き当《あ》たりにあるカジノ室《しつ》を合《あ》わせると21になるよーにね
犯人《はんにん》は山口《やまぐち》サンを殺《ころ》したのちプレートを差《さ》し替《か》え まゆらを誘《さそ》い込《こ》んだ…殺人犯《さつじんはん》に仕立《した》てるためにね
まゆらはニセの10号室《ごうしつ》に導《みちび》かれたんだ
そー考《かんが》えると宮村《みやむら》サンの何《なに》もなかった部屋《へや》も説明《せつめい》がつく
宮村《みやむら》サンは自分《じぶん》の部屋《へや》から突《つ》き落《お》とされたんじゃなく別《べつ》の部屋《へや》から落《お》とされたんじゃないか?

プレートの差《さ》し替《か》えで犯人《はんにん》の部屋《へや》に導《みちび》かれたとしたら待《ま》ち伏《ぶ》せていた犯人《はんにん》に殺害《さつがい》されたのち落《お》とされたと考《かんが》えられる
すると犯人《はんにん》は崖側《がけがわ》の人物《じんぶつ》でなければならない…
崖《がけ》
柿本
高田
宮村（死亡）
田中（死亡）
ロキ
その後《あと》で犯人《はんにん》がプレートを元《もと》に戻《もど》しておいたとゆーコトは
何《なに》かしら争《あらそ》った跡《あと》が未《いま》だ犯人《はんにん》の部屋《へや》に残《のこ》っているコトが考《かんが》えられる
じゃあ犯人《はんにん》は…柿本《かきもと》サン…？
高田《たかだ》サン
あなただよ

なんてコトを言《い》うのこの子《こ》は！
殺《ころ》された田中《たなか》サンは女性《じょせい》を招《まね》き入《い》れた形跡《けいせき》がある
あんな格好《かっこう》では男性《だんせい》を部屋《へや》に招《まね》き入《い》れないんじゃないかな？ フッー
田中《たなか》サンが殺《ころ》されたのはカジノの存続《そんぞく》を揺《ゆ》るがしたからだよね
ちょっと勝手《かって》に私《わたし》の部屋《へや》に入《はい》らないでよ!!
カジノが中止《ちゅうし》になれば目的《もくてき》のりんごが手《て》に入《はい》らなくなっちゃうもんね
ああやっぱり現場《げんば》はここだったんだ――
りんごってよく神話《しんわ》とかで不死《ふし》のモチーフになってたりする…

黄金《おうごん》のりんごって不死《ふし》の研究《けんきゅう》のコトだったんじゃないの？
そこまでしてその研究《けんきゅう》が欲《ほ》しかったのは何故《なぜ》だろうか高田《たかだ》サン？
みつかんねェ〜
どこいったいだ〜
あれ？ロキここにいるのか？
私《わたし》は…不治《ふじ》の病《やまい》に侵《おか》されているのよ!!
あんたに私《わたし》の邪魔《じゃま》はさせないわ
殺《ころ》してやる!!
なんだこの部屋《へや》開《あ》かねェぞ!?
ガシャガシャ
!

なんだ!?
体《からだ》が動《うご》かないぞ
ハメられた!?
ズーー
ノルン…？
お前達《まえたち》は一体《いったい》……

ギッ
裏《うら》切《ぎ》ったなノルン…！

…まあいいやボクが最後《さいご》の予言《よげん》をくれてやるよ
はっ
オーディン様《さま》がなお前《まえ》を殺《ころ》せって言《い》ったんだよ
な…
ロキが邪魔《じゃま》なんだってさ！
あんなに可愛《かわい》がられてたのにな！見捨《みす》てられたんだよ！ざまーみろ!!
……っ
ただ殺《ころ》すのは忍《しの》びない
ボクにしたのと同《おな》じよーにお前《まえ》の目玉《めだま》もえぐってやる

ひとついいコトを教《おし》えてやろうヘイムダル
お前《まえ》の目玉《めだま》はオーディンが持《も》ってるよあいつが持《も》って来《こ》いって言《い》ったんだ
だ
お前《まえ》だって利用《りよう》されてんだよ

黙《だま》れ……っ
ばんっ
開《あ》いた!!
——ボクはまだ負《ま》けたわけじゃないぞ
グッ
ドサ!
……
ロキ!!大丈夫《だいじょうぶ》か!?
——オーディンがボクを……

迎《むか》えに来《き》たなっちょー
よーやく海《うみ》も静《しず》まったらでよえがっぴー——
…
お帰《かえ》りの準備《じゅんび》は出来《でき》ておりますロキ様《さま》
後《あと》の処理《しょり》は私達《わたしたち》にお任《まか》せくだサイ
ん〜〜と…まゆらは?
あっいた!!
どこ行《い》って何《なに》やってたんだよ〜ずっと捜《さが》してたんだぜ——!?
そんなにオレがキライか!?
逃げ出すホド!?
ホロホロホロ
無実《むじつ》を晴《は》らすために調《しら》べてたの…
!!

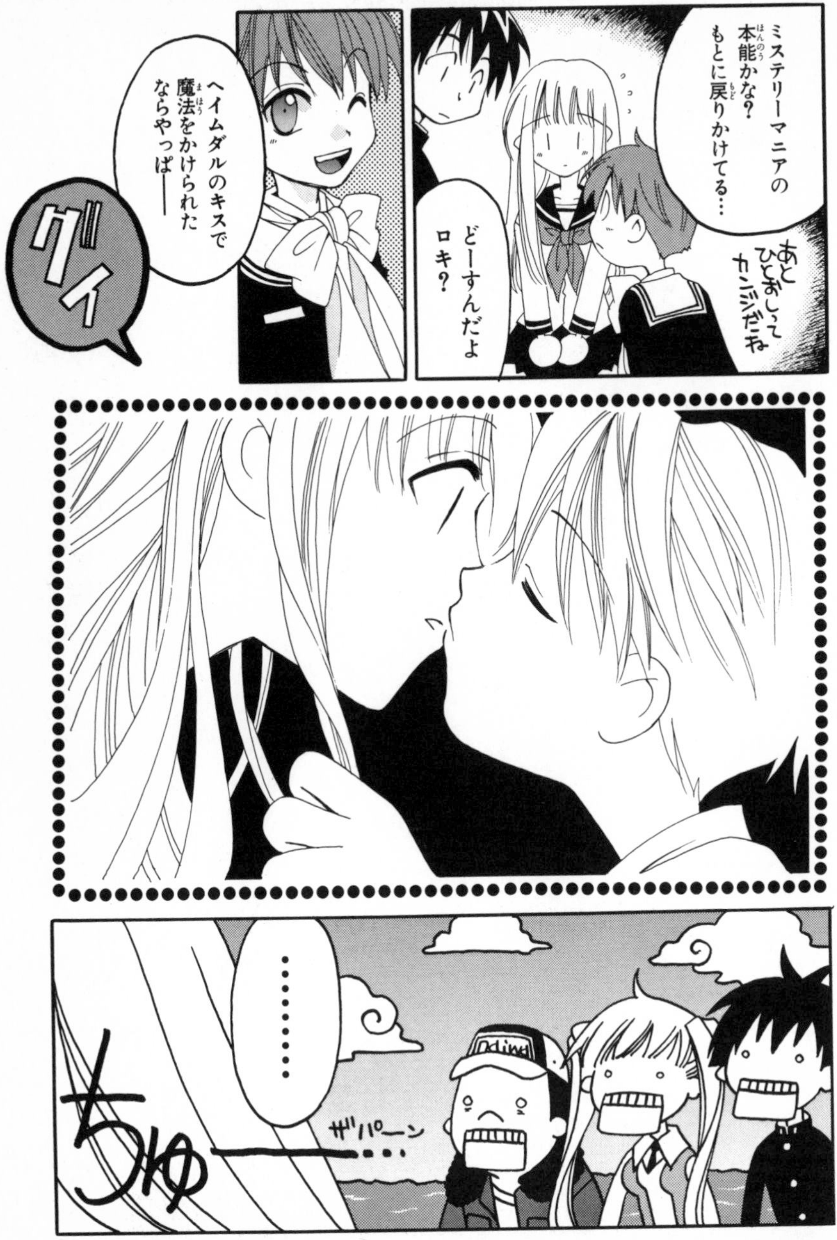
ミステリーマニアの
本能《ほんのう》かな?
もとに戻《もど》りかけてる…
あと
ひとおしって
カンジだね
どーすんだよ
ロキ?
ヘイムダルのキスで
魔《ま》法《ほう》をかけられた
ならやっぱ——
グイ
………
ちゅ———…
ザパーン

キャーーーッ なんなのォ!?
はい〜〜〜 まゆら 復活完了《ふっかつかんりょう》…
キョロ
キョロ
あらまっ ここはドコ? ミステリィ〜〜〜っっ
ナルカミくんも オーディンにボクを 殺《ころ》せって言《い》われて 来《き》たんじゃないの?
ゲッ
なんで…その 判《わか》ったんだ!? でもそれは だから……
オロ
オロ
やろーと 思《おも》ったら いつでも できたのに
どーして キミは そーしなかった んだい?
…まぁ なんだな 長《なが》い付《つ》き合《あ》い だしなあ……

―!…
ねーねーロキくん質問《しつもん》〜〜〜
ん?
前《まえ》から聞《き》こーと思《おも》ってたんだけど
ロキくんの周《まわ》りで不思議《ふしぎ》なモノ見《み》えたのよねアレってなんだったのかな?
ん〜〜アレはね人《ひと》の心《こころ》の闇《やみ》が具現化《ぐげんか》したモノで
ボクはその「魔《ま》」のお祓《はら》いをしてるんだよ
お祓《はら》い…パパと同《おな》じだ!!
ポン

パパさん しっかりして くだサイよ〜
…………
ちゃんとロキ様《さま》が まゆらサンを 連《つ》れ戻《もど》してくれる ハズですってば…
…………

まゆらはかわいく
純粋《じゅんすい》だから
きっと悪《わる》い人《ひと》に
つかまって
大事件《だいじけん》に
巻《ま》きこまれて
今頃《いまごろ》パパを思《おも》って
泣《な》いているんだ
おおかわいそうな
まゆらまゆら
ブツ
ブツ
ただいま
パパ
ポロ
ロキさま
おかえりなさい
ませ〜
ままゆらあああ!!
……
……
今回《こんかい》ばかりは
礼《れい》を言《い》うぞ…
ひ〜〜んパパ
ゴメンなたい〜〜
イエイエ
どーいたし
まして!
こちらこそ
娘サン
巻き込んじゃって
スイマセン
あれ? そーいえば
式神《しきがみ》が一匹《いっぴき》 ロキ様《さま》を
追《お》いかけて
行《い》ったんですが…
あっ
いけない
忘《わす》れてた!!

あのねーパパ
ロキくんてお祓《はら》い探偵《たんてい》さんなんだって！
オハライタンテイ？
うんっ
探偵《たんてい》ってつく分《ぶん》パパより偉《えら》いのかな～？
偉《えら》いとかって…わしは神《かみ》に仕《つか》える神聖《しんせい》な……
んじゃ
神《かみ》サマ。

魔探偵ロキ④ おわり

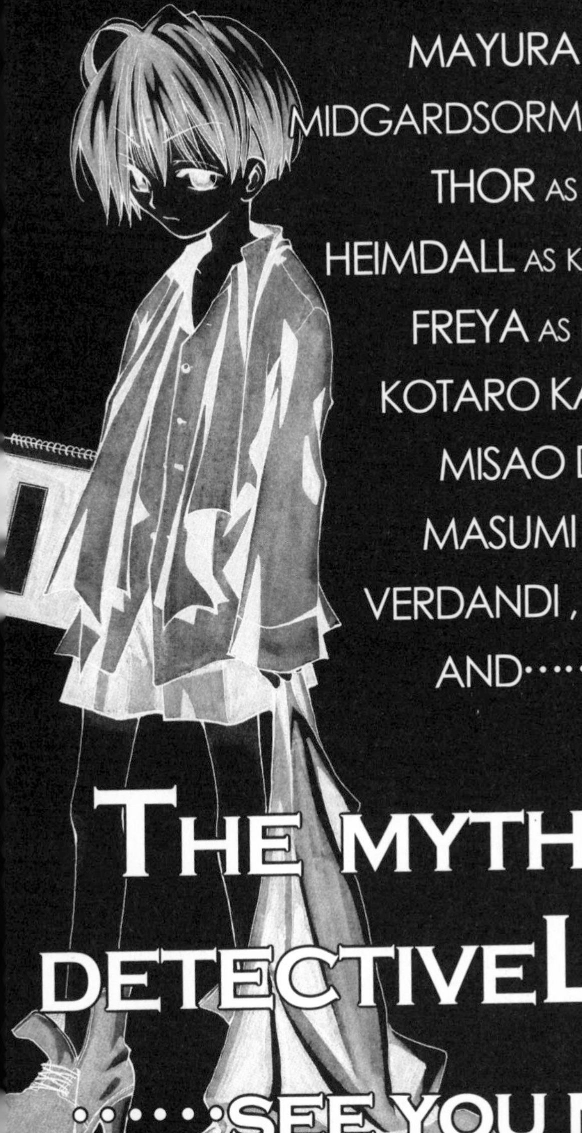

starring

LOKI

MAYURA DAIDOJI

MIDGARDSORMR AS RYUSUKE YAMINO

THOR AS NARUGAMI

HEIMDALL AS KAZUMI HIGASHIYAMA

FREYA AS REIYA OSHIMA

KOTARO KAKINOUCHI

MISAO DAIDOJI

MASUMI NIIYAMA

VERDANDI , SKULD , URD

AND······MORE !

THE MYTHICAL DETECTIVE LOKI

······SEE YOU NEXT!

鳴神《なるがみ》くんのおたより質問《しつもん》コーナー

いつもくれる子の名前は覚えてるよ♥

オッス!! オレ鳴神《なるがみ》!!
正義《せいぎ》の味方《みかた》!!
みんなもオレを見習《みなら》って
正義《せいぎ》を貫《つらぬ》けよ!!
ってコトで(?)みんなの
おたよりの中《なか》から一番多《いちばんおお》かった
質問《しつもん》はオレ様《さま》だッ
オレって注目《ちゅうもく》のマト!?
さて
質問《しつもん》は
こちらッ
鳴神《なるがみ》くんの下《した》の
名前《なまえ》はなんてーの?
おい
作者答《さくしゃこた》えろ
…忙《いそが》しいんだ
こっち来《く》んな
カリ
カリ
カリカリ
あと何枚っ
うーん
うーん
せっかく人《ひと》が聞《き》いてやって
んのにそんな言《い》い草《ぐさ》
ないだろーがっ
んじゃ太郎《たろう》とか
もしくはあきらとか
まさるとかなんでもいーじゃん
やさぐれ
真面目《まじめ》に
考《かんが》えろよ この
バカうさぎ!!
じゃあおまえも
うさぎだ!!
鳴神《なるがみ》うさぎ
ハイ決定《けってい》ッ
とりあえずトオルではナイカンジ?
ヤレヤレ

HEIMDALL

THE MYTHICAL DETECTIVE LOKI

ILLUSTRATION GALLERY

THE MYTHICAL DETECTIVE LOKI ④ Sakura Kinoshita

BLADE COMICS

魔探偵ロキ ④

2003年6月10日初版発行

■著者
木下さくら

■発行人
保坂嘉弘

■発行所
株式会社マッグガーデン

〒101-8434　東京都千代田区一ツ橋2-6-8 トミービル3《スリー》 2F
(編集) TEL：03-3515-3872　FAX：03-3262-5557
(営業) TEL：03-3515-3871　FAX：03-3262-3436
企画プロデュース　スクウェア・エニックス

■印刷所
株式会社美松堂

■装幀
アイロン・ママ

初出／月刊少年ガンガン00年4月号～8月号 (エニックス刊)

ISBN4-901926-56-X　C9979

Printed in japan